INNER SPACE
AWAKENING
THROUGH ART AND POETRY

By:

Mother licensed psychotherapist and her artist daughter.
(With NSA Signature Status, from the National Society of Artists in U.S.A.)

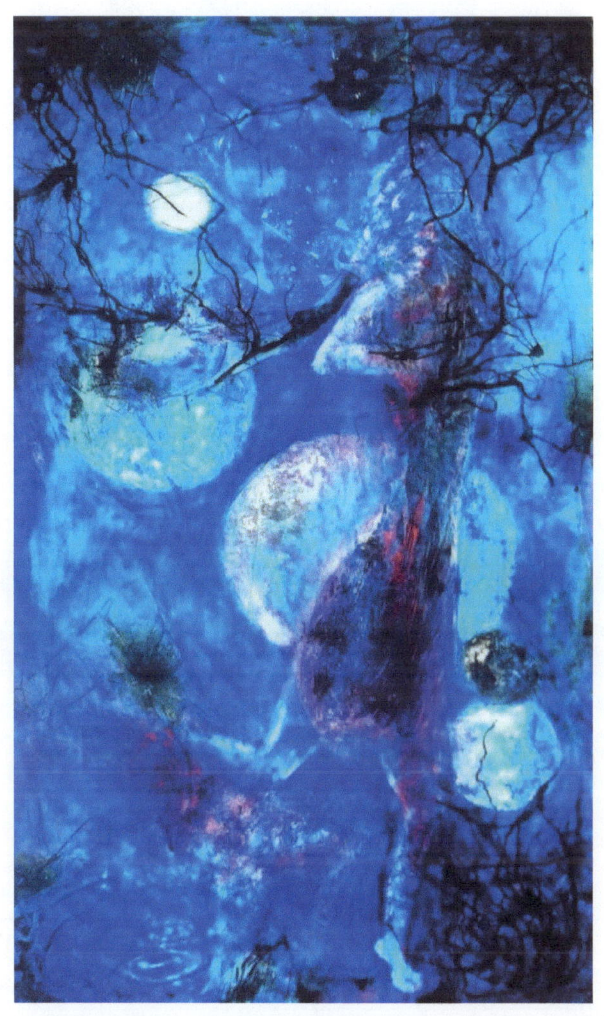

Teresa Piqué Algaze Espinoza   DESPERTAR   Eugenia Algaze Garcia
M.S.W. L.C.S.W.   DEL ESPACIO INTERIOR   B.B.A. M.B.A. N.S.A.
A TRAVÉS DEL ARTE Y LA POESÍA

Por:

Madre psicoterapeuta licenciada y su hija artista.
(Con un estado de firma N.S.A. de la Sociedad Nacional de Artistas en EE.UU.)

🏆🏆

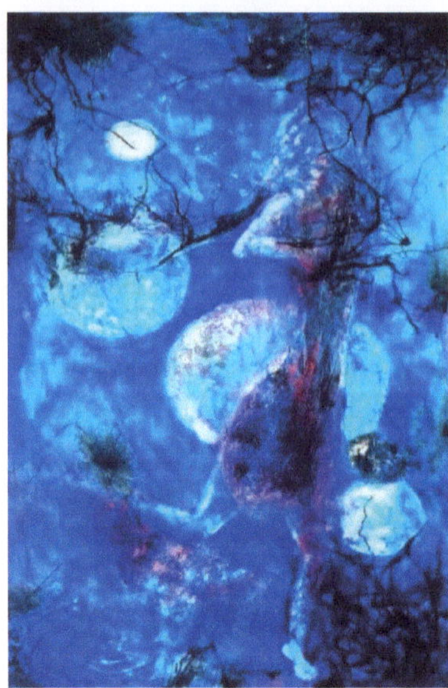

Running Between Worlds
12x24 India Ink on claybord, © 2013

This artwork, was selected to represents the inner state of all who are living in this period in history where the degree of conflicts at different levels: (individual, financial social, racial, religious, political, or a mix of them, has reached a point of extreme preoccupation.   Changes are needed at the individual, national, and international levels to improve the quality of life of each human being, and the environment that sustains each one of them. This artwork is also a self -portrait of the artist that reflects how it felt to be running between many different "worlds" with the responsibilities of being a wife, a mom, a daughter, chauffer, a cook, a volunteer, an artist, a business owner, a friend, and more, finding a balance, while preserving quality of everything done, with a sharp focus in time management and purpose.

🏆🏆

Corriendo Entre Mundos
12x24 Tinta India en Tablero de Arcilla ©2013

Esta obra fue seleccionada para representar, el estado emocional de todos los que vivimos en este periodo de la historia donde el grado de conflictos en diferentes niveles: Individual, financiero, social, interracial, religioso, político, o una mezcla de ellos, ya ha llegado a un punto de extrema preocupación, demostrando una necesidad de cambios: a nivel personal, nacional, y mundial para mejorar la calidad de vida de cada ser humano y el medio ambiente que los sostiene.   Esta obra de arte es también un auto retrato de la artista que refleja sus sentimientos al estar corriendo entre los diferentes "mundos" de ser esposa, madre, hija, chofer, cocinera, voluntaria, artista, dueña de negocios, amiga y más, encontrando un balance para preservar la calidad en todo lo que hace, enfocada agudamente en su gestión del tiempo y su propósito.

<u>**A PREAMBLE**</u> ♈♈ <u>**UN PREÁMBULO**</u>

This book is structured as a concrete poem reflecting a theme in free verse with a third person omniscient point of view: <u>The In-Between</u>. It shows some of the concepts that lay hidden in-between our thoughts. These small but loaded extracts, show our present societal way of thinking and highlights the consequences, while at the same time, stimulating and inspiring the mind. Nestled in a framework of alternating, colorful and thought-provoking paintings, and spiritual principles, the reader will enjoy, a unique, absorbing, stimulating experience. The writer, is a licensed multicultural and multilingual psychotherapist, who has heightened her discernment through her almost 80 years of personal and professional exposures to the human condition. Her daughter Eugenia's art presents the wisdom of another highly educated, professional, creative woman who through four decades of inspiration, effort and tenacity, has practiced to reflect her creative perspectives through her Mindful-Art paintings.

♈♈

La estructura de este libro es la de un poema concreto, que refleja un tema en verso libre con un punto de vista omnisciente de la tercera persona: <u>El Entre Medio, (Entremedias)</u>. Este enseña, algunos de los conceptos que están ocultos entre nuestros pensamientos. Estas pequeñas pero cargadas extracciones, destacan nuestra presente manera de pensar y sus consecuencias, mientras que, al mismo tiempo, le dan estimulo e inspiración a la mente. Anidado alternativamente entre pinturas coloridas, y provocadoras, y principios espirituales, el lector disfrutará de una única, absorbente y estimulante experiencia. La escritora, es una psicoterapeuta multicultural y multilingüe, quien ha aumentado su discernimiento a través de sus casi 80 años de exposición personal y profesional a la condición humana. Las obras de su hija Eugenia, representan, la sabiduría, de otra mujer educada, profesional, con cuatro décadas de inspiración, esfuerzo y tenacidad, donde ha practicado como reflejar sus creativas perceptivas, a través de sus obras de Mindful Art, Arte Consciente.

<u>**A DEDICATION**</u> ♈♈ <u>**UNA DEDICACIÓN**</u>

To the space between our thoughts, that fruitful silence which is the birthplace of
infinite ideas
and hurricanes of understanding;
To the essence of humanity in its constant striving for
justice and survival,
if rooted and established in love.

♈♈

Al espacio entre nuestros pensamientos, ese silencio fecundo donde nacen
infinidades de ideas
y huracanes de entendimiento;
A la potencia de la humanidad, en su constante búsqueda
de la justicia y de la sobrevivencia,
si está afincada y establecida en el amor.

BOOK TITLE AND CONTENT

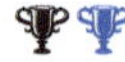

TÍTULO DEL LIBRO Y SU CONTENIDO

**INNER SPACE
AWAKENING
THROUGH ART AND POETRY**

(A collaboration between: A licensed Psychotherapist & her daughter,
Recognized with Signature Status, from the National Society of Artists since 2010.
© 2024).

CONTENT:

THOUGHT EXPRESSIONS
TO STIMULATE THE CONCEPTION OF CREATIVE SOLUTIONS
WITH
ART AND FREE VERSE POETRY

DESPERTAR
DEL ESPACIO INTERIOR
A TRAVÉS DEL ARTE Y LA POESÍA

(Una colaboración entre: una Psicoterapeuta con licensia, y su hija,
Una artista reconocida con estado de firma por la Sociedad Nacional de Artistas
© 2024).

CONTENIDO:

LA EXPRESIÓN DE PENSAMIENTOS
PARA ESTIMULAR LA CONCEPCIÓN DE SOLUCIONES CREATIVAS
CON OBRAS DE ARTE Y POESÍA EN VERSO LIBRE

BY:
**TERESA PIQUÉ ALGAZE – ESPINOZA   M.S.W. L.C.S.W.
EUGENIA ALGAZE GARCIA   B.B.A. M.B.A. N.S.A.**

<u>**AUTHOR'S NOTE AND GOALS**</u>

The reason for this art and thoughts collage is to stimulate that state of awareness that can propel the enlightened reader to act in good will for the benefit of the common good. It awakens, when we explore, in depth, what we think and do. It is a moment in time, loaded with potential benefits, with the power of influencing our perceptions, our established habits, and automatic actions. It is from that internal state of being that new perspectives could ignite understanding, to create individual or collective solutions. It is from that internal state of being that we can see new perspectives about ourselves and our present human condition, study the possibilities and do what could be done today, to bring or be an individual or collective solution. The goals of this book are:

- AWAKEN THE NEED FOR INQUIRY ABOUT YOUR PRESENT ROLE IN THE WORLD.

- SPARK A NEED TO FOCUS ON THE DISPARITIES THAT CAUSE PAIN AND SUFFEREING. HELP RECOGNIZE YOUR POWER TO BE A MICRO OR A MACRO INFLUENCE FOR RELIEF.

- ASSIST IN HELPING TO CONNECT CONCIENCE, KNOWLEDGE AND HUMAN NEEDS, TO BECOME A TOOL FOR CHANGE, WHILE EXPERIENCING A SPIRITUAL AND MENTAL ENLIGHTENMENT THROUGH ART AND POETRY.

- RECOGNIZE THE HUMAN ABILITY TO LOVE, SHARE, COOPERATE AND LIVE IN HARMONY.

- DIRECT A NEW WAY OF THINKING TOWARD THE POSSIBILITY OF A JUST HUMANITY.

8888888888888888888888888888888888888888888888888888888888888888888888888888888888888888888888888888
♈♈
8888888888888888888888888888888888888888888888888888888888888888888888888888888888888888888888888888

<u>NOTA DE LA AUTORA Y OBJETIVOS</u>

La razón de este collage de arte y pensamientos es para estimular ese estado de conciencia, que puede impulsar al lector iluminado, a actuar de buena voluntad, por el bien común. Este se despierta cuando exploramos a fondo lo que pensamos y lo que hacemos, es un momento en el tiempo, cargado de posibles beneficios que pueden influenciar, positivamente, percepciones, hábitos, y acciones autómatas. Es desde ese estado del ser interno que podemos ver nuevas perspectivas sobre nosotros mismos y sobre la presente condición humana. Estudia las posibilidades y haz lo que puedas hacer hoy para comenzar a traer o ser una solución, ya sea individual o colectiva. Los objetivos de este libro son:

- DESPERTAR LA NECESIDAD DE PREGUNTAR SOBRE TÚ PAPEL EN EL MUNDO.

- PROVOCAR UNA NECESIDAD EN EL ENFOQUE DE LAS DISPARIDADES QUE CAUSAN DOLOR, SUFRIMIENTO Y RECONOCER EL PODER PARA SER TÚ, UNA INFLUENCIA ESPECIAL DE ALIVIO AL MICRO O MACRO NIVEL

- AYUDAR A CONECTAR LA CONCIENCIA, EL CONOCIMIENTO Y LA NECESIDAD HUMANA PARA SER UN INSTRUMENTO DE CAMBIO MIENTRAS TE EXPONES A LA EXPERIENCIA DE UNA ILUMINACIÓN MENTAL Y ESPIRITUAL A TRAVÉS DEL ARTE Y LA POESÍA.

- RECONOCER LA CAPACIDAD HUMANA DE AMAR, COOPERAR Y VIVIR EN ARMONÍA.

- DIRIGIR UNA NUEVA MANERA DE PENSAR HACIA LA POSIBILIDAD DE UNA HUMANIDAD JUSTA.

TABLE OF CONTENTS

English in Black ♟♟ Español en color azul

ÍNDICE

BIBLIOGRAPHY ♛♛ BIBLIOGRAFÍA

Holy Bible, King James Version ©1960 Holman Bible Publishers. Bilingual Spanish Reina Valera Used with permission: Isa. 60:1; I Ths. 3:12; Ps. 3:5; Col. 1:21; Job 37:16; Isa. 44:3; Prv. 3:6; Ps. 67: 4; 2 Cor. 4:18; Job 31:6; Ps. 119:159; Ps. 18:28; Mt. 25:45, 46; Ezq. 17:10.

Al-Nawawi, El Iman. The Way Toward Paradise. Sayings by Muhammad God's Messenger. Second Edition 1995. Amana Publications 1994. Quote from The Sacred Koran (11:6) Chapter 53, Pg. 83
Gibran, Kahlil, The Prophet. First Edition: 1926. 31st Printing 1991 Published by Alfred A Knopf, Inc.
Heine, Vivian L. LMSW- ACP LSOTP & Lewis, Diana G. LPC, LSOTP Ventura Manual Pgs.30-38. With permission.
Shakespeare, William. Hamlet Act iii Es.1.
Wikipedia. Texto bajo CC- BY- SA licencia. Definición de "Ubuntu".

♛♛

Santa Biblia Texto Bíblico © 1960 Sociedades Bíblicas en América Latina Holman Bible Publishers (from Versión Reina/Valera 1960). Usada con permiso: Isa. 60:1; I Ths. 3:12; Ps. 3:5; Col. 1:21; Job 37:16; Isa. 44:3; Prv. 3:6; Ps. 67:4; 2 Cor. 4:18; Job 31:6; Ps.119:159; Ps.18:28; Mt. 25:45, 46; Ezq.17:10.

Al-Nawawi, El Iman. El Paso Hacia el Paraíso: Dichos de Muhammad el Enviado de Dios.. Segunda Edición 1995. Publicaciones Amana   1994. Cita del Sagrado Corán. (11:6) Capítulo 53, Pg. 83.
Gibran, Kahlil, El Profeta. 1ra. Edición:1926. Impresión #31, 1991 Publicado por Alfred A Knopf, Inc.

Heine, Vivian L. LMSW- ACP LSOTP & Lewis, Diana G. LPC, LSOTP Ventura Manual. Pgs.30-38. Con permiso.

Shakespeare, William. Hamlet Act iii Es. 1.
Wikipedia. Texto bajo CC- BY- SA licencia. Definición de "Ubuntu"

MINDFUL ART:

Art that explores and expands the imagination through awareness.
"The Longer You Look..., The More You See."

Arte que explora y expande la imaginación a través de la conciencia.
"Cuanto Más Tiempo Mires..., Cuanto Más Verás."

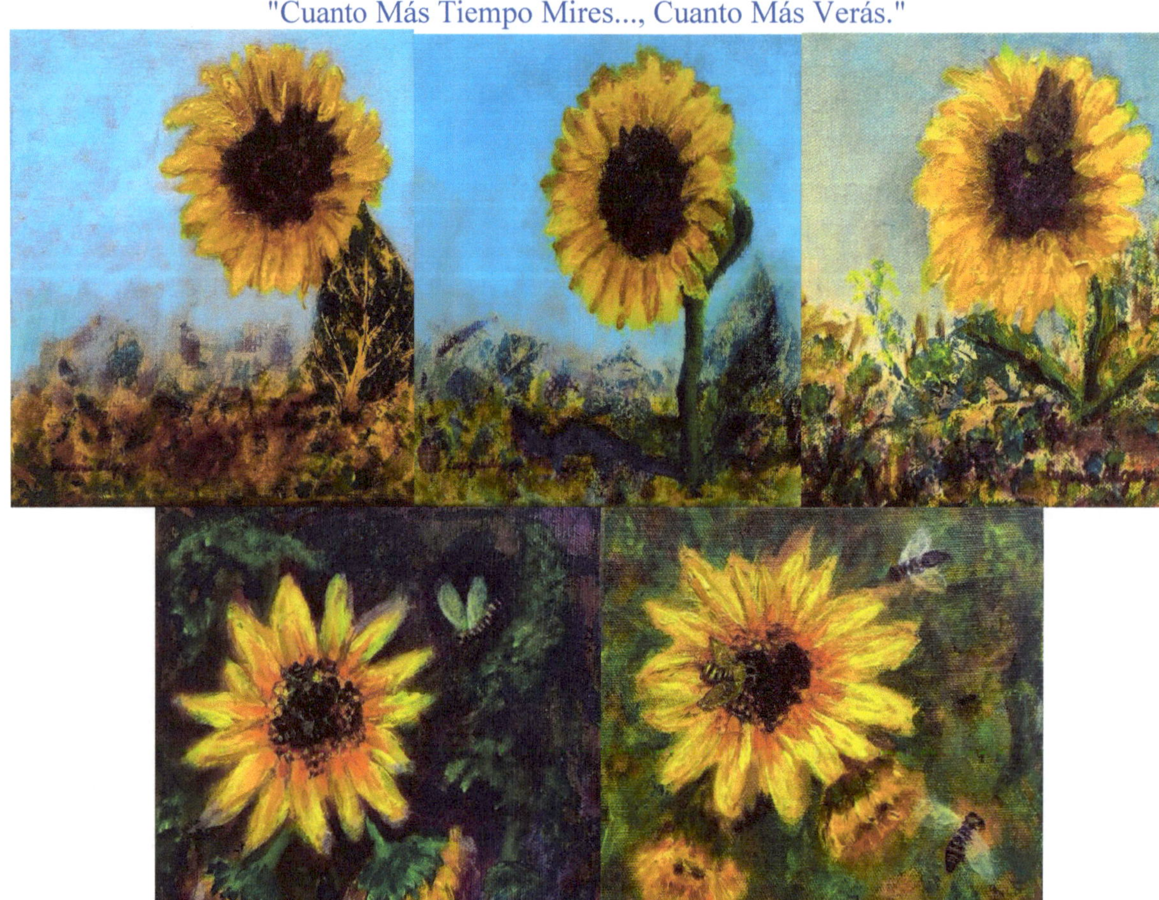

SUNFLOWER SERIES   SERIE DE LOS GIRASOLES

"LETTING LOVE SHINE"

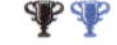

"DEJANDO BRILLAR EL AMOR"

Isa. 60:1

"ARISE, SHINE FOR THY LIGHT IS COME AND THE GLORY OF THE LORD IS RISEN
UPON THEE."

Isa. 60:1

"LEVÁNTATE, RESPLANDECE, PORQUE HA VENIDO TU LUZ Y LA GLORIA DE
JEHOVÁ HA NACIDO SOBRE TI."

THE IN-BETWEEN 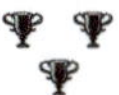 **EL ENTRE MEDIO**
(A free Verse Poem) (Poema de Verso Libre)
By: Teresa Pique Algaze Espinoza L.M.S.W. L.C.S.W.
© 2024

ON OUR SPIRITUAL ESSENCE

SOBRE NUESTRA ESENCIA ESPIRITUAL
****

BETWEEN POETRY AND PROSE
THE PRISON OF RHYME.

BETWEEN INSPIRATION AND A POEM
CONTACT WITH THE WATER THAT FLOWS, IN THE RIVER OF SILENCE.
A TOAST AND A SONG.

BETWEEN SUNRISE AND SUNSET
THE START OF A DAY, THE END OF A NIGHT,
THE PASSING OF TIME IN ITS DAILY PARADE WITH HUMANITY:
SOME SUFFERING, OTHERS REJOYCING, AND ALREADY MANY LOOKING FOR HOW TO IMPROVE.

BETWEEN BEING AND LIVING
THE GIFT OF A BREATH OF LIFE.
LIKE LIGHT AND WATER OPEN UP A SEED,
LIFE AND LOVE, CREATE AN IDENTITY, AS A GIFT FROM OUR CREATOR.

88888888888888888888888888888888888888888888888888888888888888888888888888888888888888
88888888888888888888888888888888888888888888888888888888888888888888888888888888888888

ENTRE EL POEMA Y LA PROSA
LA CÁRCEL DE LA RIMA.

ENTRE LA INSPIRACIÓN Y EL POEMA
CONTACTO CON EL AGUA QUE FLUYE, EN EL RÍO DEL SILENCIO,
UN BRINDIS Y UNA CANCIÓN.

ENTRE LA AURORA Y EL CREPÚSCULO
COMIENZA UN DÍA Y TERMINA UNA NOCHE,
EL PASO DEL TIEMPO EN SU PROCESIÓN DIARIA CON LA HUMANIDAD:
UNOS SUFRIENDO, OTROS GOZANDO, Y YA MUCHOS BUSCANDO CÓMO MEJORAR.

ENTRE SER Y VIVIR
EL REGALO DE UN SÓPLO DE VIDA,
ASÍ COMO, LA LUZ Y EL AGUA ABREN UNA SEMILLA,
LA VIDA Y EL AMOR CREAN UNA IDENTIDAD, TODOS OBSEQUIOS DE NUESTRO CREADOR.

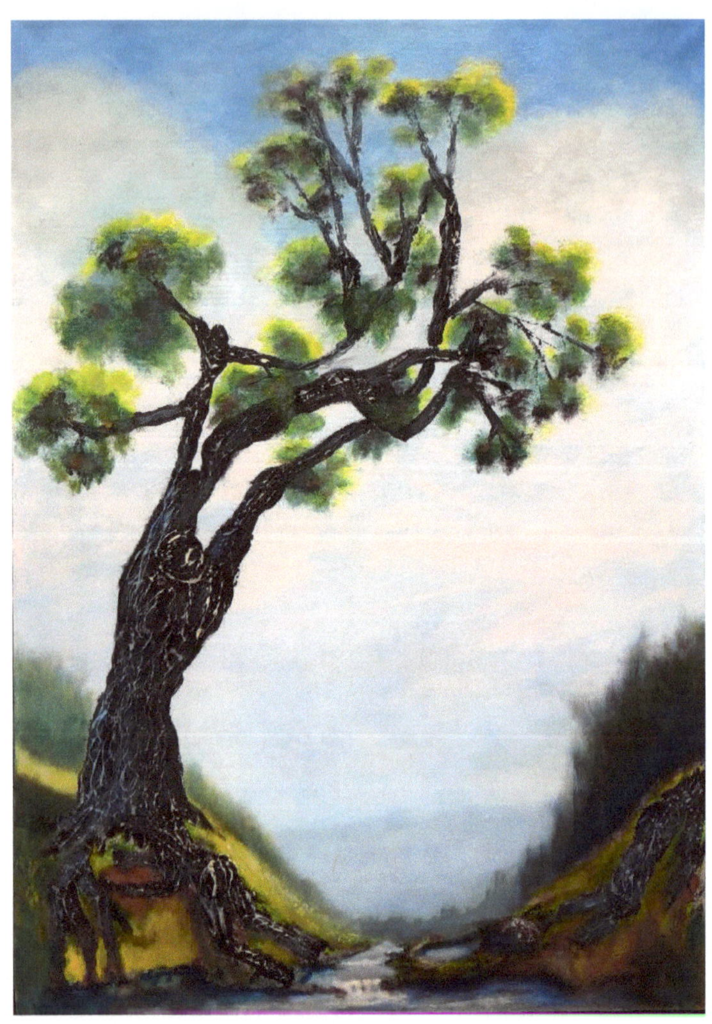

UBUNTU

Ubuntu: I am, because we are.   **Yo soy, porque nosotros somos.**

"Ubuntu is a word from a Southern African language that means humanity or humanness. It is a social philosophy, an ethic and a world view. It promotes the obligation and responsibility of humans towards the welfare of one another and to the environment. It is based on the belief that a person is a person through others and that humanity is a product of socialization and good social values. It implies equality and dignity. These values and practices make people authentic human beings where their sense of self is shaped by their relationship to others" (Wikipedia definition)

"Ubuntu es una palabra de un idioma Sur Africano que quiere decir humanidad o humanizado. Es una filosofía social, un punto de vista global y ético. Promueve la obligación y la responsabilidad de humanos hacia el bienestar de uno al otro y hacia el medio ambiente. Está basado en la creencia de que una persona es persona a través de otros y que la humanidad es un producto de la socialización y de buenos valores sociales. Esto implica igualdad y dignidad. Estos valores y prácticas hacen a las personas seres humanos auténticos donde su sentido de quiénes son, está formado por su relación con otros". (Definición de Wikipedia)

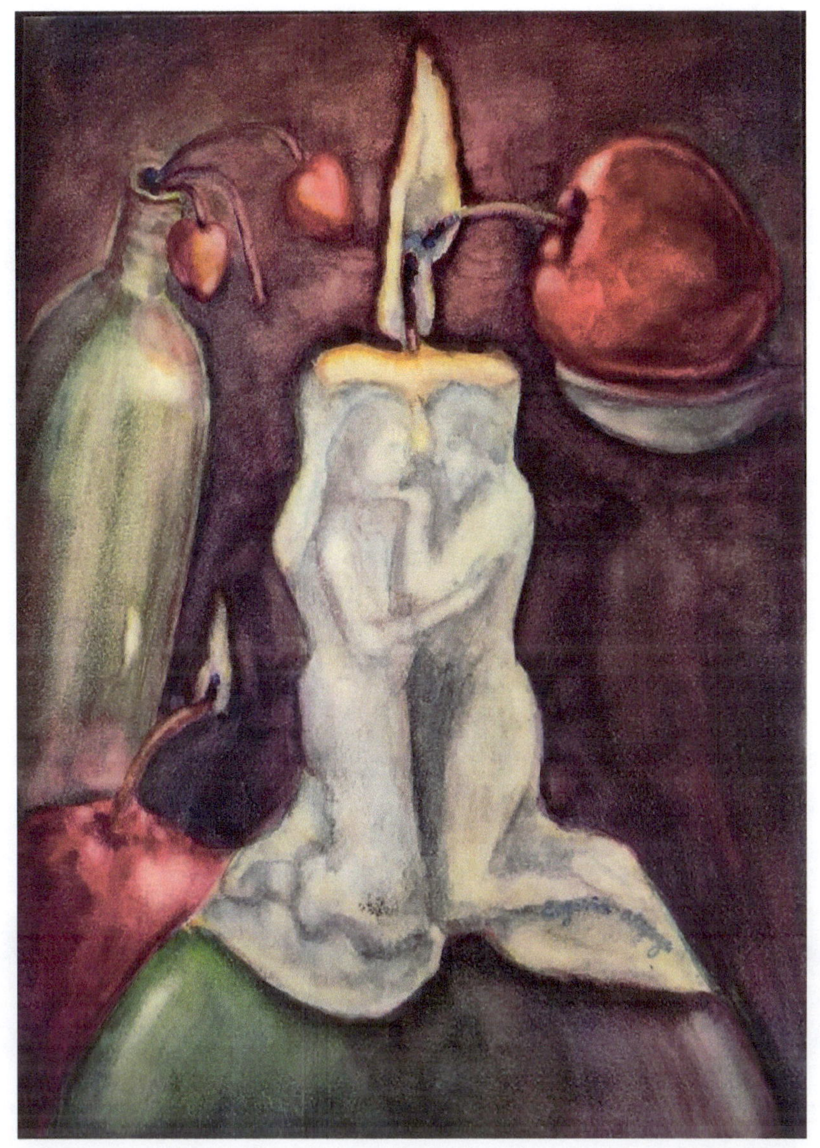

RE-KINDLED SPIRITS 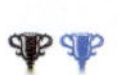 ESPÍRITUS REAVIVADOS

I Ths. 3:12

"AND THE LORD MAKE YOU TO INCREASE AND ABOUND IN LOVE ONE TOWARD ANOTHER, AND TOWARD ALL MEN, EVEN AS WE DO TOWARD YOU".

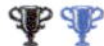

I Ths. 3:12

"Y EL SEÑOR OS HAGA CRECER Y ABUNDAR EN AMOR UNO PARA LOS OTROS Y PARA CON TODOS, COMO TAMBIÉN LO HACEMOS NOSOTROS PARA CON VOSOTROS".

ON LOVE, PASSION, CONFLICT AND HARMONY
SOBRE AMOR, PASIÓN, CONFLICTOS Y ARMONÍA

****

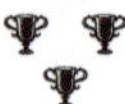

BETWEEN REASON AND PASSION
THE BATTLEFIELD OF THE SOUL:
HORMONES & ADRENALINE VS. LOGIC AND MORALS.

BETWEEN TWO HEARTS
THERE ARE MILLIONS OF ILLUSIONS, DREAMS, AND HOPES.
REALITY SYNCHRONIZES OR DESYNCHRONIZES THEIR HEARTBEAT.

BETWEEN TWO HARMONIC SOULS
A COSMOS OF JOY.

BETWEEN TWO DESYNCRONIZED BEINGS
A MOUNTAIN OF CONFLICTS
WITH
MANY POSSIBILITIES FOR SOLUTIONS.

88888888888888888888888888888888888888888888888888888888888888888888888888888888888888888888

88888888888888888888888888888888888888888888888888888888888888888888888888888888888888888888

ENTRE LA RAZÓN Y LA PASIÓN
EL CAMPO DE BATALLA DEL ALMA:
HORMONAS Y ADRENALINA CONTRA LA LÓGICA Y LA MORALIDAD.

ENTRE DOS CORAZONES
HAY MILLONES DE ILUSIONES.
LA RELIDAD SINCRONIZA O DESINCRONIZA SUS CORAZONES.

ENTRE ALMAS ARMONICAS
UN COSMOS DE ALEGRÍA.

ENTRE DOS SERES DESINCRONIZADOS
UNA MONTAÑA DE CONFLICTOS
CON
MUCHÍSIMAS POSIBILIDADES PARA SOLUCIONARLOS.

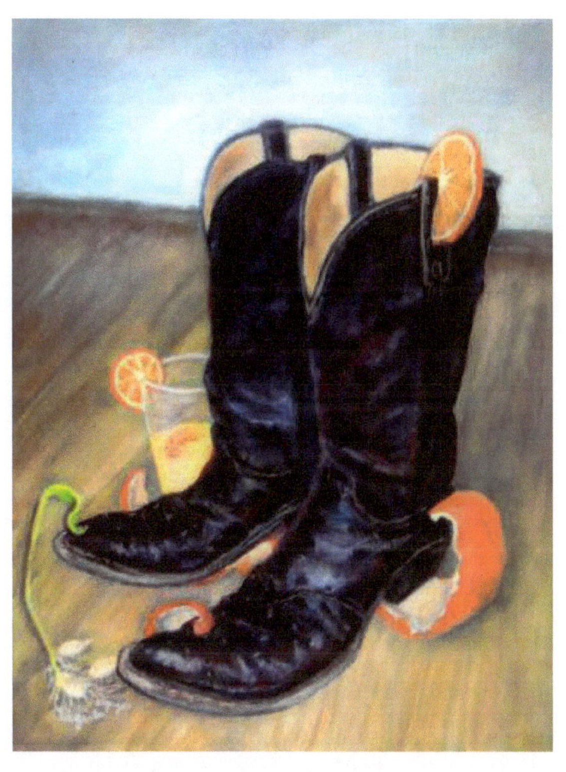

OSTRICH BULL BOOTS WITH ORANGE CRUSH SOUL

BOTAS DE TORO AVESTRÚZ CON ALMA QUE DESTROZA NARANJAS

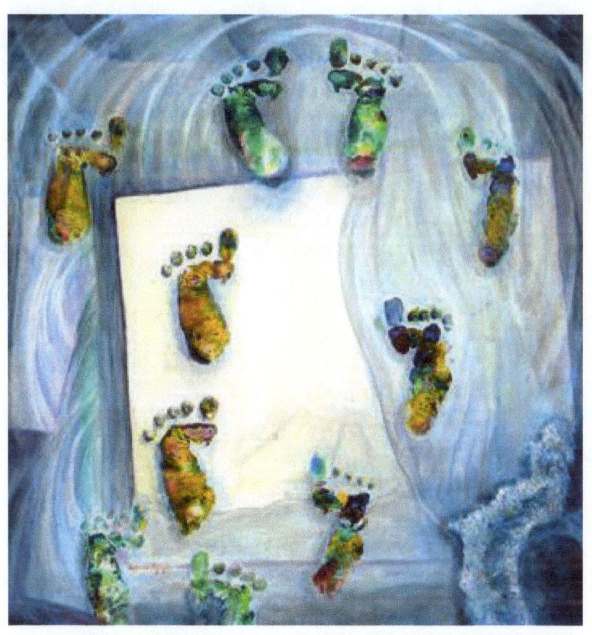

FOOTSIES AND PARADIGMS   PIECESITOS Y PARADIGMAS

<u>**ON HUMAN RELATIONSHIPS**</u>
<u>**SOBRE LAS RELACIONES HUMANAS**</u>
****

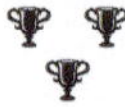

BETWEEN HUSBANDS AND WIVES GROUNDED IN LOVE
LOVE, FRIENDSHIP, TENDERNESS, MUTUAL CARE, JOY,
COLABORATION, RESPECT, HUMOR, SATISFACTION
AND A LOT OF SPACE.

BETWEEN TWO STEPS FORWARD
THE EXPECTATION OF WHAT WAS PLANNED.

BETWEEN TWO STEPS BACKWARD
THE LOSS OF WHAT COULD HAVE BEEN.

BETWEEN MY BETTER SELF, AND THE PERSON I WANT TO BE
A SEARCH FOR MY OWN AWAKENING.

88888888888888888888888888888888888888888888888888888888888888888888888888888888

8888888888888888888888888888888888888888888888888888888888888888888888888888888888

ENTRE LOS ESPOSOS Y LAS ESPOSAS CONECTADOS A TRAVÉS DEL AMOR
AMOR, AMISTAD, TERNURA, CUIDADO MUTUO, ALEGRÍA,
COLABORACIÓN, RESPETO, HUMOR, SATISFACIÓN
Y MUCHO ESPACIO.

ENTRE DOS PASOS AL FRENTE
LA EXPECTATIVA DE LO PLANEADO.

ENTRE DOS PASOS ATRÁS
LA PÉRDIDA DE LO QUE NO FUE.

ENTRE MI MEJOR PERSONA Y LA PERSONA QUE QUISIERA SER
LA BÚSQUEDA DE MI PROPIO DESPERTAR.

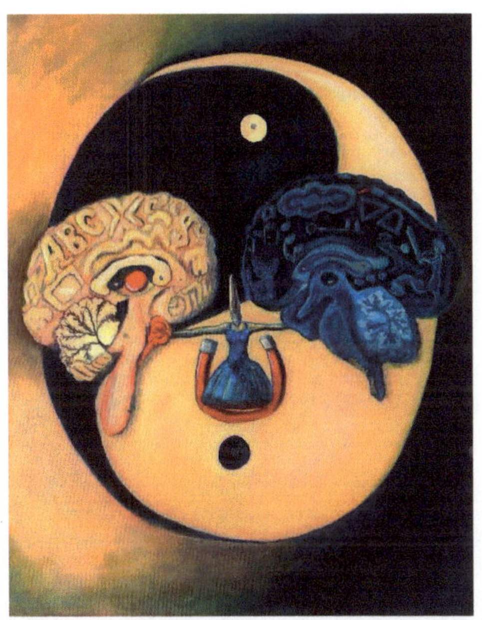

OPPOSITES ATTRACT, A BALANCED DICHOTOMY

LA ATRACCIÓN DE LO OPUESTO, UNA DICOTOMÍA BALANCEADA

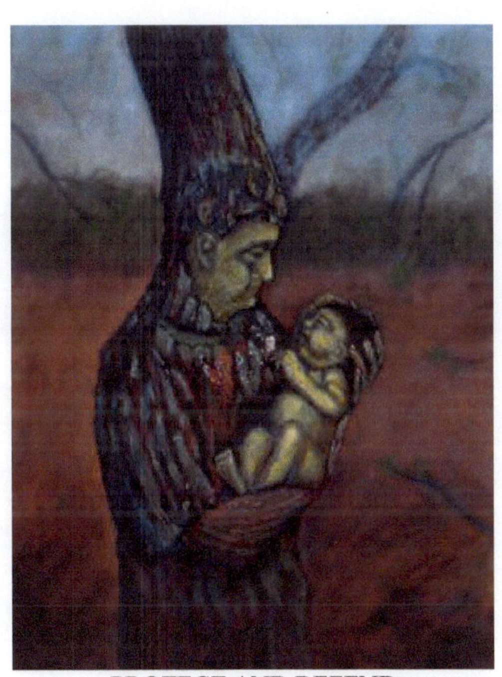

PROTECT AND DEFEND

PROTEGER Y DEFENDER

Ps. 3:5
"I LAID ME DOWN AND SLEPT; I AWAKED; FOR THE LORD SUSTAINED ME".

Ps. 3:5
"YO ME ACOSTÉ Y DORMÍ, Y DESPERTÉ, PORQUE JEHOVÁ ME SUSTENTABA"

****

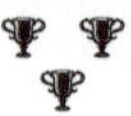

BETWEEN JOY AND SORROW
OUR SLEEPING SOUL,
JOY, HUMOR, AND SATISFACTION GLOW, WHEN JOY AWAKENS.
PAIN, AFFLICTION, AND FEAR GROWS WHEN SORROW ARRIVES.
BOTH ARE INTERMITTENT PARTNERS IN OUR DAILY WALK.

BETWEEN LOVE AND HATE
DECEPTION, BETRAYAL,
SPONTANEOUS AND RECURRENT CONFLICTS, REMORSE, AND REGRETS.
A TRAIL OF BROKEN HEARTS, BROKEN HOMES, LOST SOULS.

BETWEEN TEARS OF INFIDELITY
LOVE, SLOWLY DROWNS.

BETWEEN BLAME AND PARDON
WITH SINCERE WILL, A SPILLAGE OF LOVE, RENEWED ENERGY,
A PEACE INSURANCE.

88888888888888888888888888888888888888888888888888888888888888888888888888888888
88888888888888888888888888888888888888888888888888888888888888888888888888888888

ENTRE LA ALEGRÍA Y LA TRISTEZA
NUESTRA ALMA DORMIDA.
LA FELICIDAD, EL HUMOR, LA SATISFACCIÓN, BRILLAN, CUANDO SE DESPIERTA LA ALEGRÍA.
EL DOLOR, LA AFLICCIÓN Y EL MIEDO CRECEN,
SI ENTRA LA TRISTEZA.
AMBAS SON COMPAÑERAS INTERMITENTES EN NUESTRO PASEO DIARIO.

ENTRE EL AMOR Y EL ODIO
DECEPCIÓN, DESLEALDAD,
ESPONTANEOS Y RECURRENTES CONFLICTOS, REMORDIMIENTOS Y ARREPENTIMIENTOS,
UN SENDERO DE CORAZONES PARTIDOS, HOGARES DESTRUIDOS, ALMAS PERDIDAS.

ENTRE LAS LÁGRIMAS DE LA INFIDELIDAD
SE AHOGA LENTAMENTE UN AMOR.

ENTRE LA CULPA Y EL PERDÓN
CON VOLUNTAD SINCERA, UN DERRAME DE AMOR, ENERGÍA RENOVADA,
UNA ASEGURANZA DE PAZ.

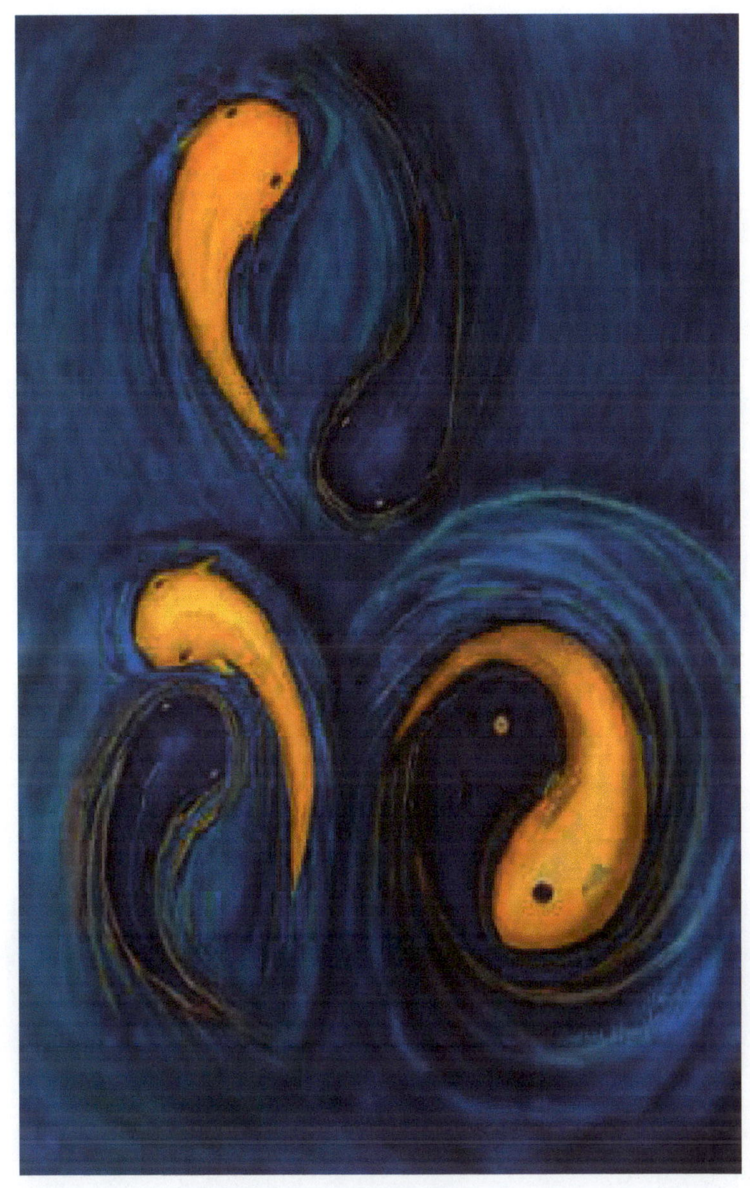

YIN & YANG MEET

EL ENCUENTRO ENTRE YIN Y YANG

Col. 1:21

"AND YOU THAT WERE SOMETIME ALIENATED AND ENEMIES IN YOUR MIND, BY
WICKED WORKS, YET NOW HATH HE RECONCILED".

Col.1:21

"Y A VOSOTROS TAMBIÉN QUE ERAS EN OTRO TIEMPO EXTRAÑOS Y ENEMIGOS EN
VUESTRA MENTE, HACIENDO MALAS OBRAS, AHORA OS HA RECONCILIADO"

SOBRE LAS RELACIONES HUMANAS

****

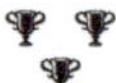

BETWEEM ENCOURAGING WORDS
HOPE IS BORN AND RAISED.

BETWEEN SPEAKING AND LISTENING
UNDERSTANDING: IF A GOOD -WILL ATTITUDE   PREVAILS. WITH A FOCUSED INTENTION,
A RECEPTIVE ATTENTION BUT ONLY, IF YOU ARE ABLE TO RECOGNIZE: THE DISTORTIONS MADE
BY YOUR MENTAL FILTERS, THAT, BASED ON YOUR PREVIOUS EXPERIENCES, AUTOMATICALLY,
TRY TO CHANGE YOUR PERCEPTIONS.

BETWEEN TRUTH AND LIES
UNLIMITED DOUBTS
PARALIZED TRUST.

BETWEEN RIGHT AND WRONG
INTEGRITY WITHOUT UNCERTAINTY VS. DECEPTIONS & HALF TRUTHS;
SOMNOLENCE, INABILITY OR NEGLECT TO ASCERTAIN.

BETWEEN LOVE AND SCORN
THE SHARP PAIN OF INDIFFERENCE
MOURNING FOR LOST DREAMS.
88888888888888888888888888888888888888888888888888888888888888888888888888888888888888

88888888888888888888888888888888888888888888888888888888888888888888888888888888888888

ENTRE PALABRAS DE ALIENTO
LA ESPERANZA NACE Y CRECE.

ENTRE EL HABLAR Y EL ESCUCHAR
CONPRENSIÓN: SI PREVALECE UNA ACTITUD DE BUENA VOLUNTAD,
CON INTENCIÓN ENFOCADA, ATENCIÓN RECEPTIVA, PERO SOLO SI ERES CAPAZ DE RECONOCER
LAS DISTORCIONES HECHAS POR TUS FILTROS MENTALES, BASADAS EN TUS EXPERIENCIAS
PREVIAS, QUE AUTOMATICAMENTE, TRATAN DE CAMBIAR TU PERCEPCIÓN.

ENTRE LA VERDAD Y LA MENTIRA
DUDAS SIN LÍMITES.
LA CONFIANZA PARALIZADA

ENTRE LO CORRECTO Y LO INCORRECTO
INTEGRIDAD SIN DUDAS VS. DECEPCIONES Y MEDIAS VERDADES.
SOMNOLENCIA, INABILIDAD O NEGLIGENCIA PARA DETERMINAR

ENTRE EL AMOR Y EL DESPRECIO
EL DOLOR AGUDO DE LA INDIFERENCIA,
EL LUTO POR LOS SUEÑOS PERDIDOS.

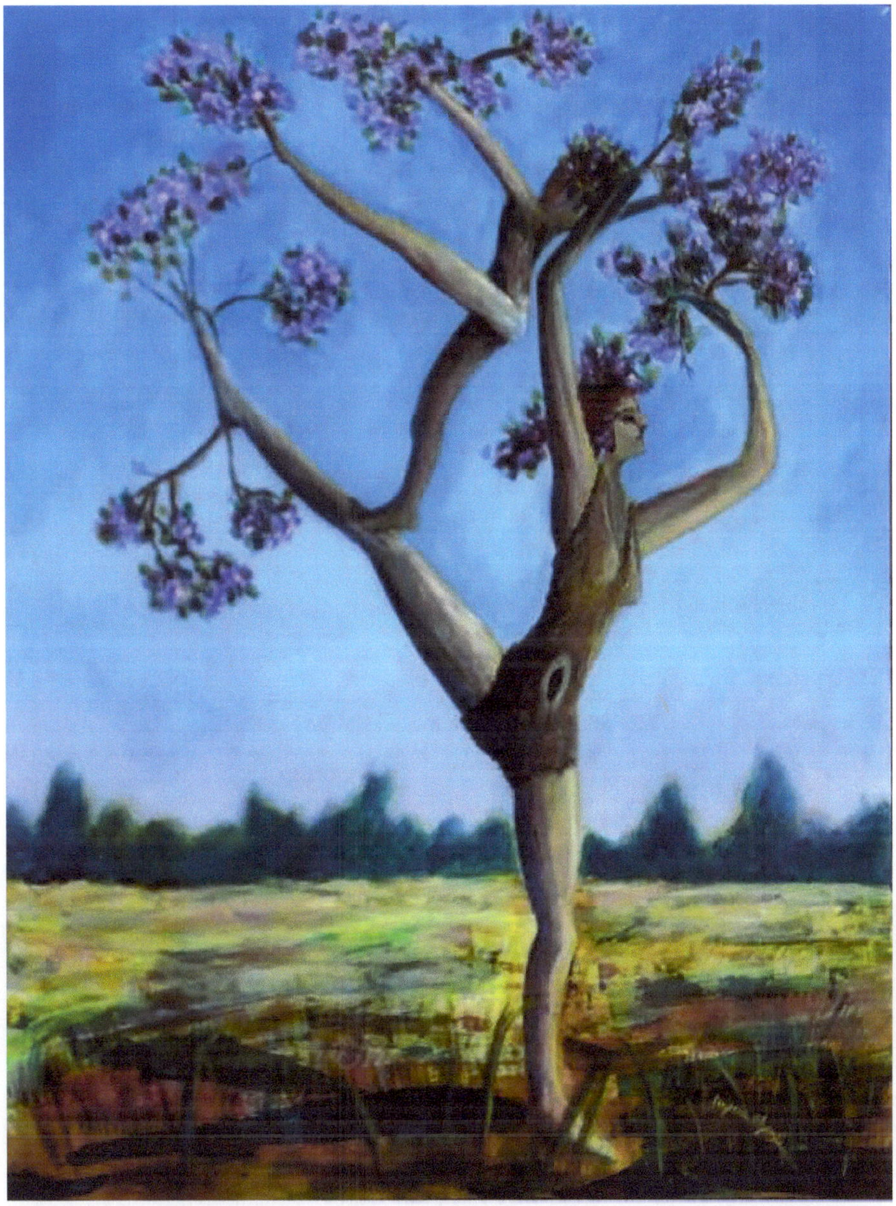

OUT ON A LIMB   EN UNA EXTREMIDAD

Job 37:16
"DOST THOU KNOW THE BALANCING OF THE CLOUDS, THE WONDROUS WORKS OF HIM
WHO IS PERFECT IN KNOWLEDGE?"

Job 37:16
"¿HAS CONOCIDO LAS DIFERENCIAS DE LAS NUBES EN SU BALANCE, LAS MARAVILLAS
DEL PERFECTO EN SABIDURÍA?

<u>**ON LIFE'S ESSENTIALS.**</u>
<u>**NECESSITIES**</u>
<u>**SOBRE LO QUE ES INDISPENSABLE EN LA VIDA.**</u>
<u>**NECESIDADES**</u>
****

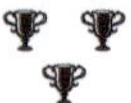

BETWEEN INHALING AND EXHALING
A BREATH, A GAS ECHANGE. REQUISITES FOR LIFE.

BETWEEN HAIR AND FEET
FLESH, BONES, TEETH AND ENERGY. REQUISITES FOR EXISTENCE.

BETWEEN EATING AND FIRE
INSTINCT, HUNGER, HABITS. REQUISITES FOR SURVIVAL.

BETWEEN SOUP AND THE TONGUE
APPETITE, AVAILABILITY, A SPOON, TASTE; ABILITY. REQUISITES FOR THRIVING.

88888888888888888888888888888888888888888888888888888888888888888888888888888888888888888
88888888888888888888888888888888888888888888888888888888888888888888888888888888888888888

ENTRE EL INHALAR Y EL EXHALAR
RESPIRACIÓN: UN INTERCAMBIO DE GASES. REQUISITOS PARA VIVIR.

ENTRE EL PELO Y LOS PIES
CARNE, HUESOS, DIENTES Y ENERGIA. REQUISITOS PARA EXISTIR.

ENTRE EL COMER Y LA LUMBRE
INSTINTO, HAMBRE Y COSTUMBRE. REQUISITOS PARA SOBREVIVIR.

ENTRE LA SOPA Y LA LENGUA
APETITO, DISPONIBILIDAD, UNA CUCHARA, SABOR, HABILIDAD. REQUISITOS PARA CRECER

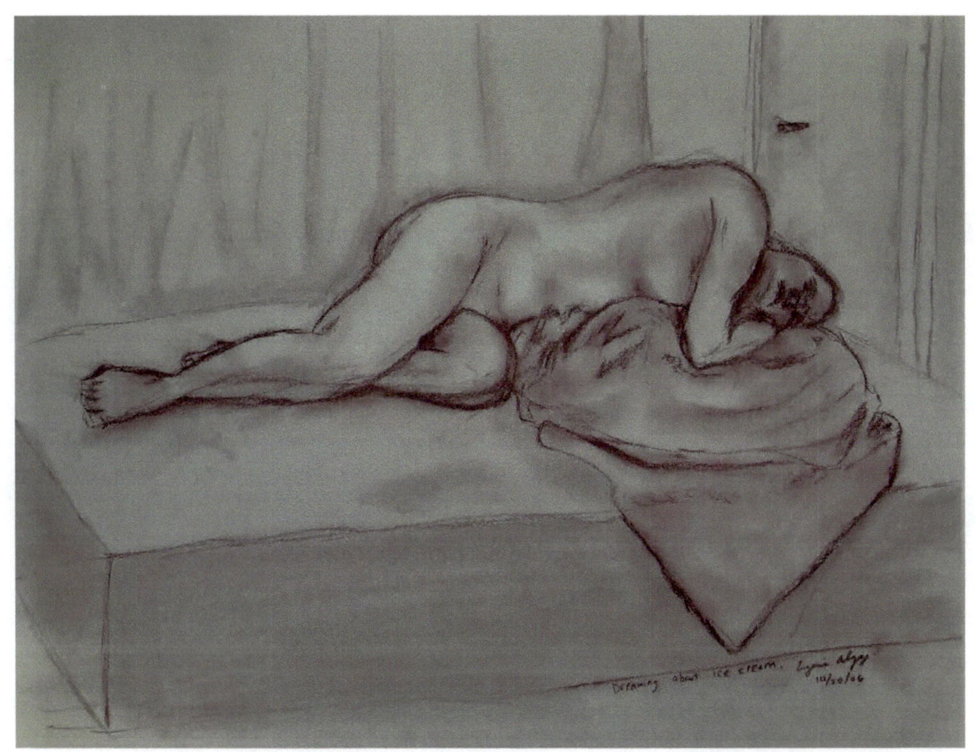

DREAMING OF ICE CREAM 🏆🏆 SOÑANDO CON EL HELADO

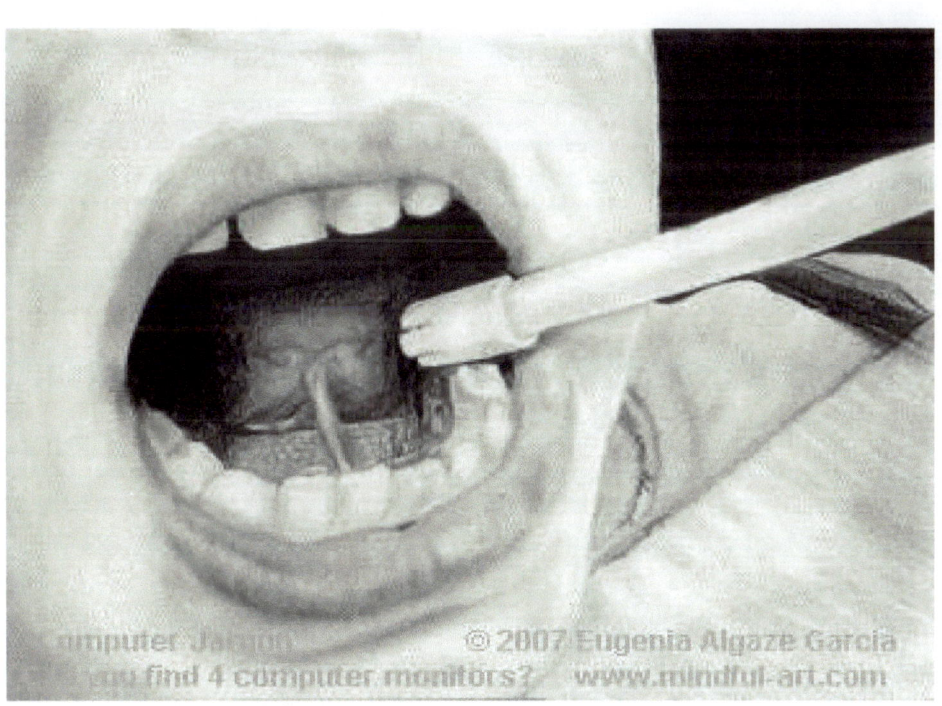

COMPUTER JARGON 🏆🏆 JERGA INFORMÁTICA.

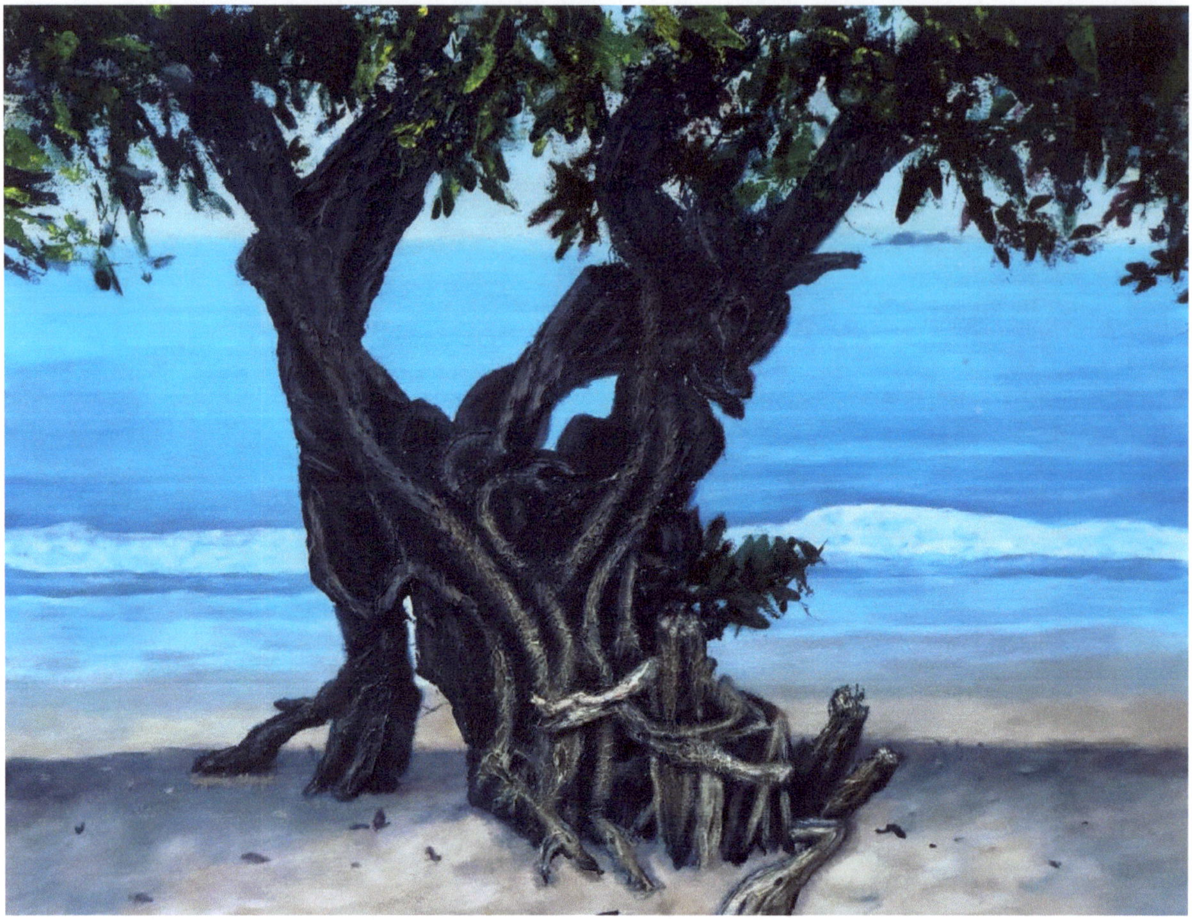

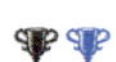

THIRSTY   SEDIENTO

Isa. 44:3

"FOR I WILL POUR WATER ON HIM WHO IS THIRSTY
AND FLOODS ON THE DRY GROUNDS.
I WILL POUR MY SPIRIT ON YOUR DESCENDANTS
AND MY BLESSINGS ON YOUR OFFSPRINGS".

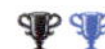

Isa. 44:3

"PORQUE YO DERRAMARÉ AGUAS SOBRE EL SEQUEDAL (SEDIENTO)
Y RÍOS SOBRE LA TIERRA ÁRIDA.
MI ESPÍRITU DERRAMARÉ SOBRE TU GENERACIÓN
Y MI BENDICIÓN SOBRE TUS RENUEVOS."

<u>ON MEETING OUR NEEDS</u>
<u>SACIANDO NUESTRAS NECESIDADES</u>
****

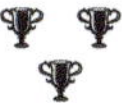

BETWEEN THIRST, SATIATION, AND NOT DROWNNING
THE POWER OF WATER, A SEA OF COOLNESS,
WITH FLOOD POTENTIAL.
HAVING OR NOT LEARNED TO SWIM.

BETWEEN TWO SPARKS OF FIRE
FEAR OF DEVASTATION
AND
THE WARMTH OF THE HEARTH.

BETWEEN MY EXPECTATION AND THEIR OUTCOME
INTENT, FOCUS, A PLAN, DETERMINATION, A FIRST STEP, PERSISTENCE,
PRAYERS AND MOMENTUM.

BETWEEN ENTHUSIASM AND GIVING UP
PERSISTENCE, CONSISTENCY
LEARN TO ADAPT, LEARN WHEN TO LET GO.

8888888888888888888888888888888888888888888888888888888888888888888888888888888888888

8888888888888888888888888888888888888888888888888888888888888888888888888888888888888

ENTRE LA SED, LA SACIEDAD, Y EL NO AHOGARSE
EL PODER DEL AGUA, UN MAR DE FRESCURA
LA POTENCIA DE UN DILUVIO
Y EL HABER APRENDIDO A NADAR O NO.

ENTRE DOS CHISPAS DE FUEGO
EL TEMOR DE UN INCENDIO
Y EL CALOR DE UN HOGAR.

ENTRE MI EXPECTATIVA Y SU LOGRO
INTENCIÓN, ENFOQUE, UN PLAN, DETERMINACIÓN, UN PRIMER PASO, PERSISTENCIA
ORACIONES
E
IMPULSO.

ENTRE EL ENTUSIASMO Y EL RENDIRSE
PERSISTENCIA Y CONSISTENCIA.
APRENDE A ADAPTARTE, APRENDE A CUÁNDO SOLTAR.

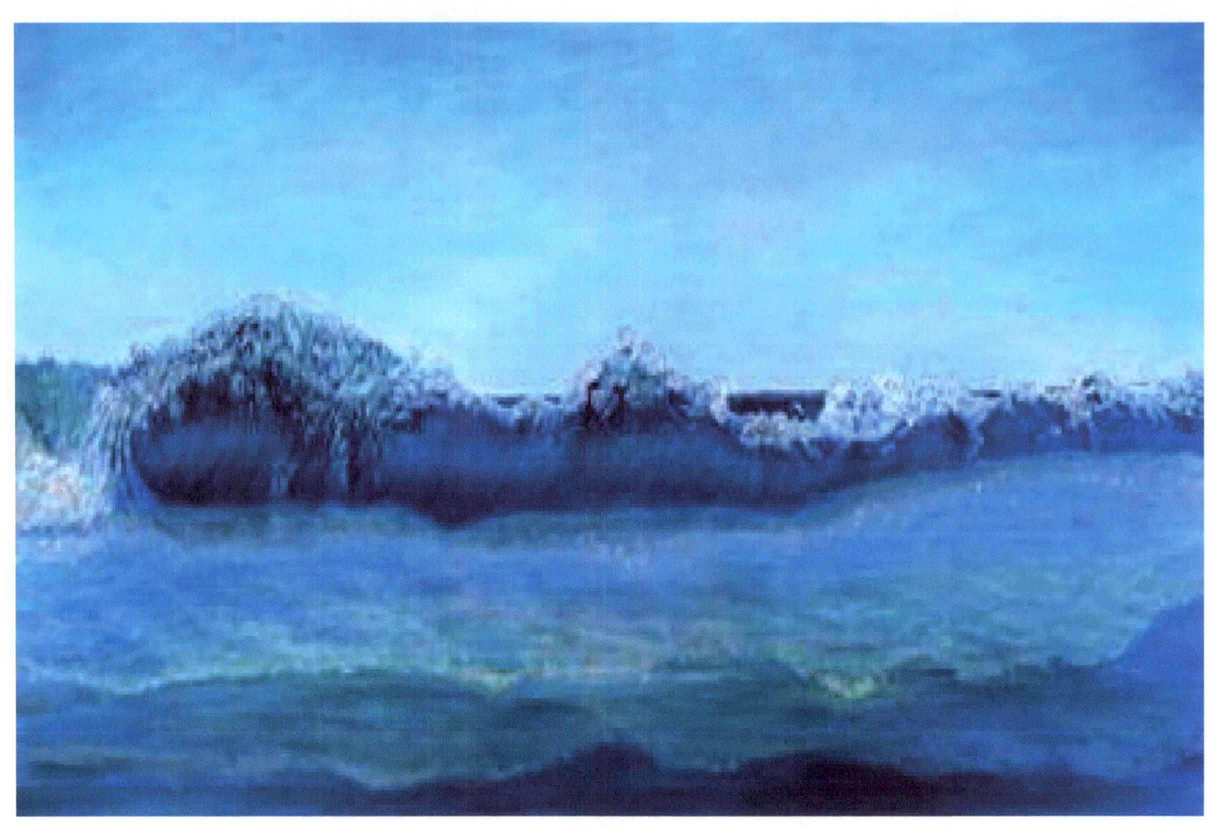

DOG PADDLING ON THE CURRENT; SHE SWIMS TO THE LEFT

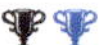

NADANDO COMO EL PERRITO; ELLA NADA HACIA LA IZQUIERDA

Prv. 3:6

"IN ALL THY WAYS ACKNOWLEDGE HIM AND HE SHALL DIRECT THY PATHS.

Prv. 3:6

"RECONÓCELO EN TODOS TUS CAMINOS Y ÉL ENDEREZARÁ TUS VEREDAS".

<u>ON LIFE, WORK AND TRAUMA</u>
<u>SOBRELA VIDA, EL TRABAJO Y EL TRAUMA</u>
****

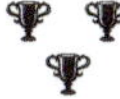

BETWEEN WORK AND REST
EFFORT, SATISFACTION AND PRIDE IF DONE WITH LOVE.
A HEAVY DRAUGHT IF DONE WITHOUT IT.
AT THE END, RELIEF & REWARDS, MATERIAL OR NON-MATERIAL.
RESENTMENT AND BITTERNESS IF ABUSE HAS BEEN PERCEIVED.

BETWEEN THE PAIN OF TRAUMA AND TRANQUILITY
A WOUNDED SPIRIT WITH MEMORIES OF THE EVENT.
EXPRESSION OF THE LOSSES WITH SELF VALIDATION.
LOVE AND ACCEPTANCE. A RECOVERED INTEGRITY.

BETWEEN THE SCARS AND FORGIVENESS
A LONG JOURNEY IN A HEALING PATH,
GUIDED AND ACCELERATED BY DIVINE PROVIDENCE.

BETWEEN FEAR AND PANIC
AN OVERLOAD OF ADRENALINE.
ACCELERATED BY THE ABSENCE OF FAITH

8888888888888888888888888888888888888888888888888888888888888888888888888888888888888888

8888888888888888888888888888888888888888888888888888888888888888888888888888888888888888

ENTRE EL TRABAJO Y EL DESCANSO
ESFUERZO, SATISFACCIÓN, ORGULLO, SI SE HACE CON AMOR.
UN PESADO PESO, SI ASÍ NO SE HACE.
AL FINAL, ALÍVIO Y RECOMPENSA, YA SEA MATERIAL, O NO MATERIAL.
RESENTIMIENTO Y AMARGURA SI SE HA PERCIBIDO ABUSO.

ENTRE EL DOLOR DEL TRAUMA Y LA TRANQUILIDAD
UN ESPÍRITU DAÑADO, LAS MEMORIAS DE LO PASADO,
LA EXPRESIÓN DE LAS PÉRDIDAS Y DE LA VALIDÉZ DEL SER HERIDO,
AMOR Y ACEPTACIÓN. INTEGRIDAD RECUPERADA.

ENRE LAS CICATRICES Y EL PERDÓN
UN VIAJE LARGO EN CAMINO A LA RECUPERACIÓN,
ACELERADO POR LA DIVINA PROVIDENCIA.

ENTRE EL MIEDO Y EL PÁNICO
UNA SOBRECARGA DE ADRENALINA,
ACELERADO POR LA AUSENCIA DE LA FE.

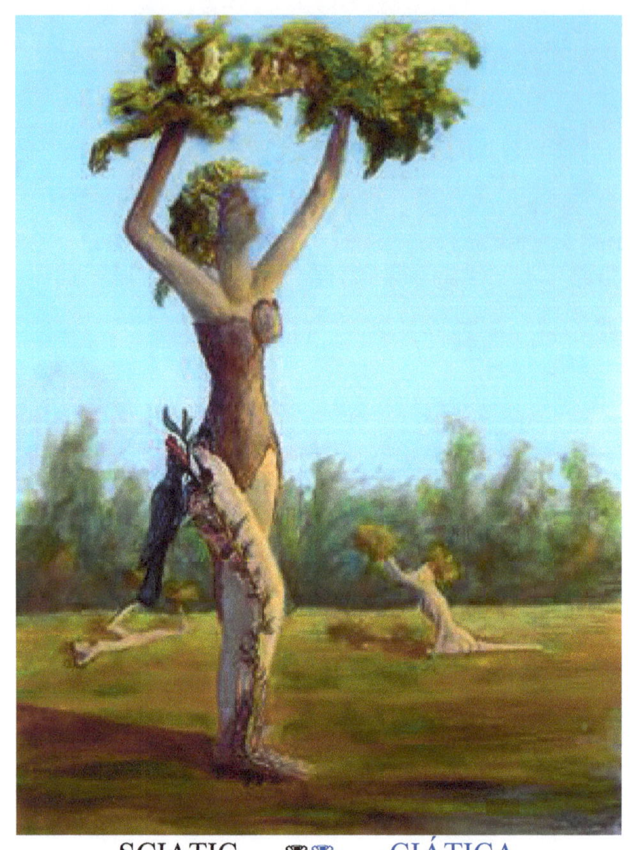

SCIATIC 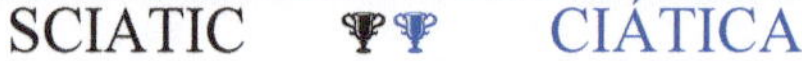 CIÁTICA

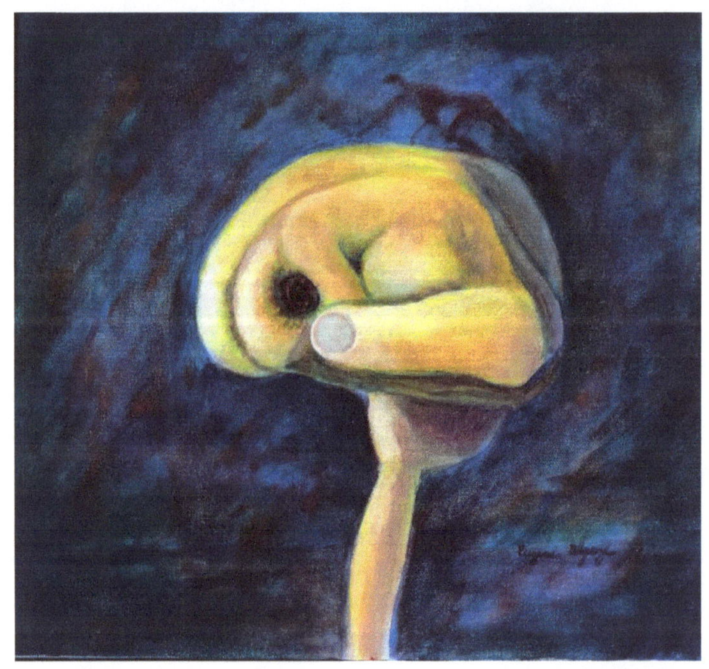

MIGRAINE HEADACHE MIGRAÑA

ON HEALTH AND HEALING
SOBRE LA SALUD Y LA SANIDAD

****

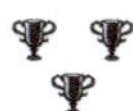

BETWEEN PAIN AND HEALING
LOVE FROM WITHIN, HOPE, TOLERANCE, APPLIED HEALTH KNOWLEDGE,
FAITH, THE LOVE OF OTHERS, POSITIVE THINKING AND PATIENCE.

BETWEEN SICKNESS AND HEALTH
LOVE, NURTURING, REST, REMEDIES. HEALING, WITH TIME FOR RECOVERY
AN UNDERSTANDING OF OUR GOD GIVEN POWER TO HEAL AND
THE ROLE OF PRAYER.

BETWEEN A FRESH FLOWER AND A WILTED ONE
A NEED FOR WATER, LIGHT, LOVE, AND NURTURING,
THE MARK OF THE PASSAGE OF TIME.

BETWEEN MY PAIN AND OTHER'S PAIN
EMPATHY IS BORN. AN OPPORTUNITY FOR EMOTIONAL GROWTH,
WHILE YOU ACT IN THE RELIEF OF MUTUAL PAIN.

88888888888888888888888888888888888888888888888888888888888888888888888888888888888888888

88888888888888888888888888888888888888888888888888888888888888888888888888888888888888888

ENTRE EL DOLOR Y LA CURA
AMOR INTERNO, ESPERANZA, TOLERANCIA. APLICACIÓN DE CONOCIMIENTOS MÉDICOS
FE, AMOR EXTERNO, PENSAMIENTOS POSITIVOS Y PACIENCIA.

ENTRE LA ENFERMEDAD Y LA SALUD
PROVISIÓN DE CUIDADOS, DESCANSO, REMÉDIOS, CON TIEMPO PARA LA RECUPERACIÓN,
UNA COMPRENSIÓN DE NUESTRO PODER DADO POR DIOS PARA SANAR Y
EL PAPEL DE LA ORACIÓN.

ENTRE UNA FLOR FRESCA Y UNA MARCHITA
LA NECESIDAD DE AGUA, LUZ, Y CUIDADOS,
LA MARCA DEL PASO DEL TIEMPO.

ENTRE MI DOLOR Y EL DE OTROS
NACE LA EMPATÍA. OTRA OPORTUNIDAD PARA CRECER
MIENTRAS ACTUAS SOBRE EL ALIVIO DEL DOLOR MUTUO.

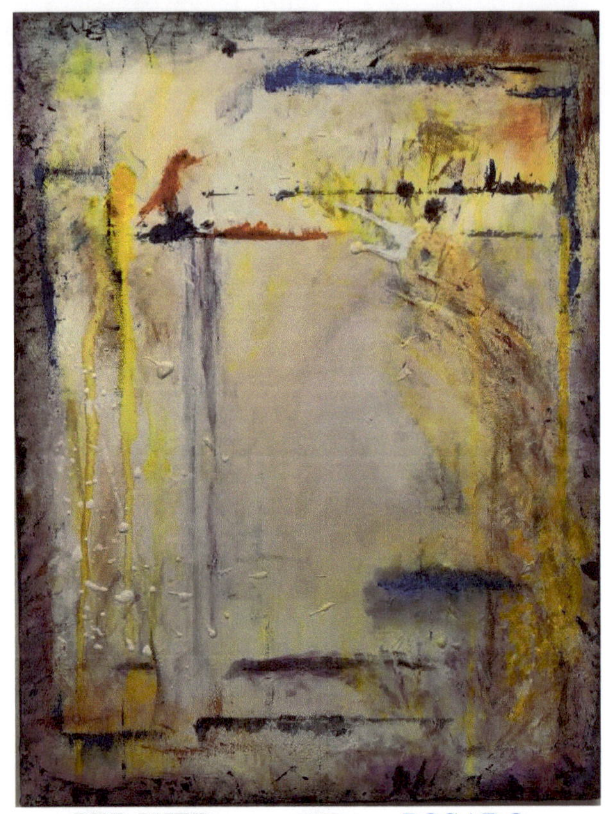

PERCHED   🏆🏆   POSADO

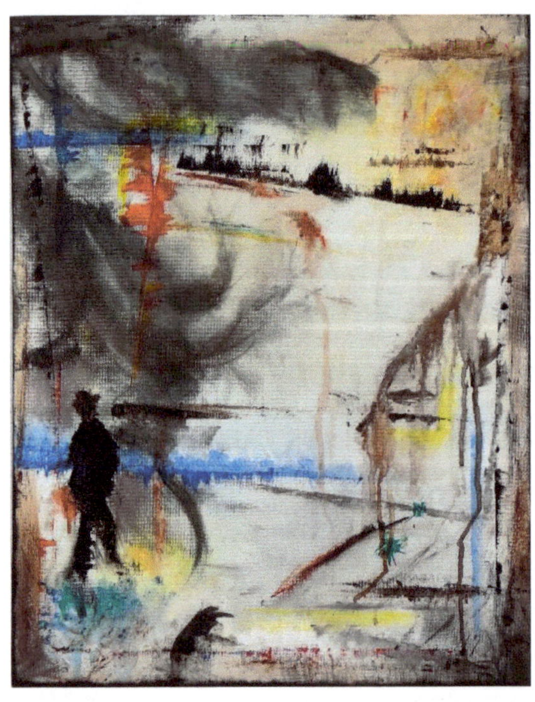

OUTER BANKS   🏆🏆   FUERA DE LÍMITES

ON FANTASY AND REALITY.
ENTRE LA FANTASÍA Y LA REALIDAD

****

BETWEEN OUR OBJECTIVE REALITY AND THE ENTIRE UNIVERSE
A PHYSICAL MASS OF INFORMATION, VIRTUAL REALITY OF ILLUSIONS,
HIGH SYMMETRY AND DECREASING ENTROPY. A POSSIBLE SIMULATION?

BETWEEN FANTASY AND REALITY
A NEED TO CREATE PRETEND SITUATIONS THAT WILL COVER OUR FEAR OF DROWNING
IN THE OCEAN OF LIFE.

BETWEEN FANTASY AND THE EDGE OF REALITY
THAT, WHICH IS NOW MOVING INSIDE OUR MINDS AND SOULS,
HYPNAGOGIC AND HYPNOPOMPIC DREAMS MIXING WAKING AND DREAM SENSATIONS,
THE PERSISTENT CALL FOR OUR RESPONSIBILITY.

BETWEEN FANTASY AND THE CENTER OF REALITY
A MORTGAGE PAYMENT, A TOOTHACHE, A BROKEN HEART,
THE NEED TO NURTURE A LIVING BEING IN OUR REACH OUT FOR HUMANITY,
DESCENDANCE AND TRANSCENDENCE,
REQUISITES FOR SUCCESS.

8888888888888888888888888888888888888888888888888888888888888888888888888888888

8888888888888888888888888888888888888888888888888888888888888888888888888888888

ENTRE LA REALIDAD OBJETIVA Y EL UNIVERSO ENTERO
UNA MASA FÍSICA DE INFORMACIÓN, LA REALIDAD VIRTUAL DE ILUSIONES,
ALTA SIMETRÍA Y MENGUANTE ENTROPÍA.
¿SERÁ UN POSIBLE SIMULACRO?

ENTRE LA FANTASÍA Y LA REALIDAD
LA NECESIDAD DE CREAR SITUACIONES FINGIDAS QUE PUEDAN CUBRIR NUESTRO MIEDO DE
AHOGARNOS EN EL OCÉANO DE LA VIDA.

ENTRE LA FANTASÍA Y EL BORDE DE LA REALIDAD
SUEÑOS HIPNOGÓGICOS Y HIPNOPÓNPICOS QUE MEZCLAN SENSASIONES
DE DESPERTAR Y SOÑAR.
EL PERSISTENTE LLAMADO DE LA RESPONSABILIDAD.

ENTRE LA FANTASÍA Y EL CENTRO DE LA REALIDAD
EL PAGO DE LA HIPOTECA, UN DOLOR DE MUELAS, UN CORAZÓN ROTO,
LA NECESIDAD DE CUIDAR A UN SER VIVIENTE EN NUESTRO ALCANCE POR LA HUMANIDAD,
DESCENDENCIA Y TRASCENDENCIA,
REQUISITOS PARA TRIUNFAR.

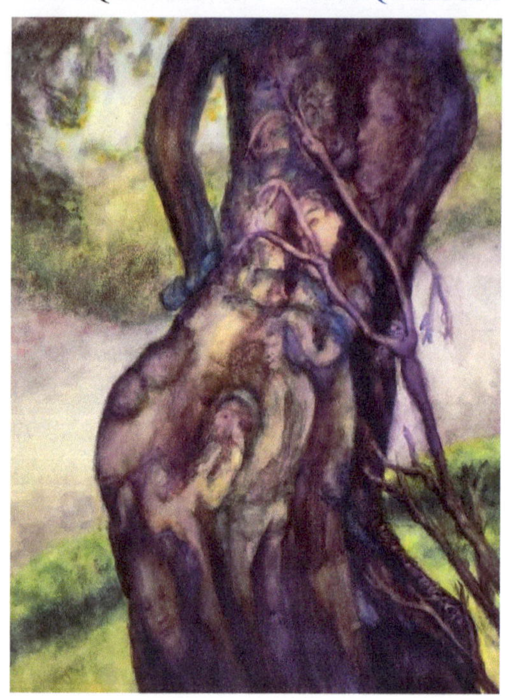

SERENDIPITY & SAGACITY
♉♉
SERENDIPIA Y SAGACIDAD

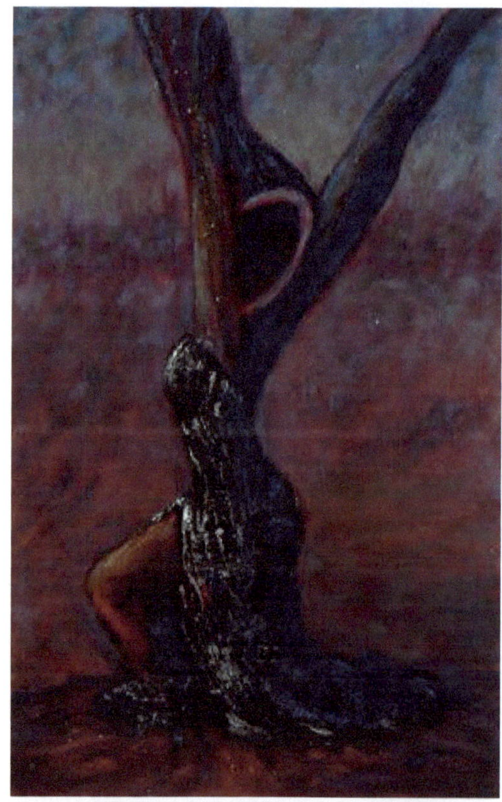

A BRIEF MOMENT OF CLARITY
♉♉
UN MOMENTO DE BREVE CLARIDAD

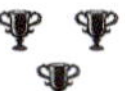

ON GIVE & TAKE
SOBRE DAR Y RECIBIR
****

BETWEEN LUXURY AND POVERTY
EXCESSIVE PLEASURE, UNNECESARY PAIN, SUPPORTED BY A FALSE SENSE OF LIBERTY.
MANY IN LUXURY, MORE SO IMPOVERISHED, SOME RELIEVED, NONE CONTENT;
INSTITUTIANALIZED GREED; A BROKEN HUMANITY.

BETWEEN PRIDE AND ARROGANCE:
THERE IS AN EXPANDING EGO.

BETWEEN HUMBLENESS AND BOASTFULNESS:
AN UNASSUMING MODEST MIND,
AN EXALTED HEART,
EXCESSIVE PRIDE.

BETWEEN NECESITY AND SOCIAL CONCIOUSNESS:
A HUMAN NATURAL BENEVOLENCE.
LOVING EMPATHY, WITH AN ACTION PLAN FOR RELIEF.
A MASS DECISION BASED ON A FORTUNOUS STROKE OF SERENDIPITY:

THE MIRACLE OF BENEVOLENCE, TURNING INTO AN ADDICTION.

8888888888888888888888888888888888888888888888888888888888888888888888888888888888

8888888888888888888888888888888888888888888888888888888888888888888888888888888888

ENTRE EL LUJO Y LA POBREZA
GOCE EXCESIVO, DOLOR INNECESARIO, APOYADO POR UN FALSO SENTIDO DE LIBERTAD.
MUCHOS CON LUJOS, MÁS EMPOBRECIDOS, ALGUNOS ALIVIADOS, NADIE SATISFECHO.
LA AVARICIA INSTITUCIONALIZADA, UNA HUMANIDAD ROTA

ENTRE EL ORGULLO Y LA ARROGANCIA
HAY UN EGO QUE SE EXPANDE.

ENTRE LA HUMILDAD Y LA JACTANCIA
UNA MENTE SIN PRETENSIONES,
UN CORAZÓN EXALTADO
Y UN EXCESO DE ORGULLO.

ENTRE LA NECESIDAD Y LA CONCIENCIA SOCIAL
LA BENEVOLENCIA NATURAL DEL SER HUMANO,
EMPATÍA CON AMOR Y UN PLAN DE ACCIÓN PARA ALIVIARLA.
UNA DECISIÓN EN MASA, BASADA EN UN AFORTUNADO GOLPE DE SERENDIPIA,

EL MILAGRO DE LA BENEVOLENCIA CONVIRTIÉNDOSE EN UNA ADICCIÓN.

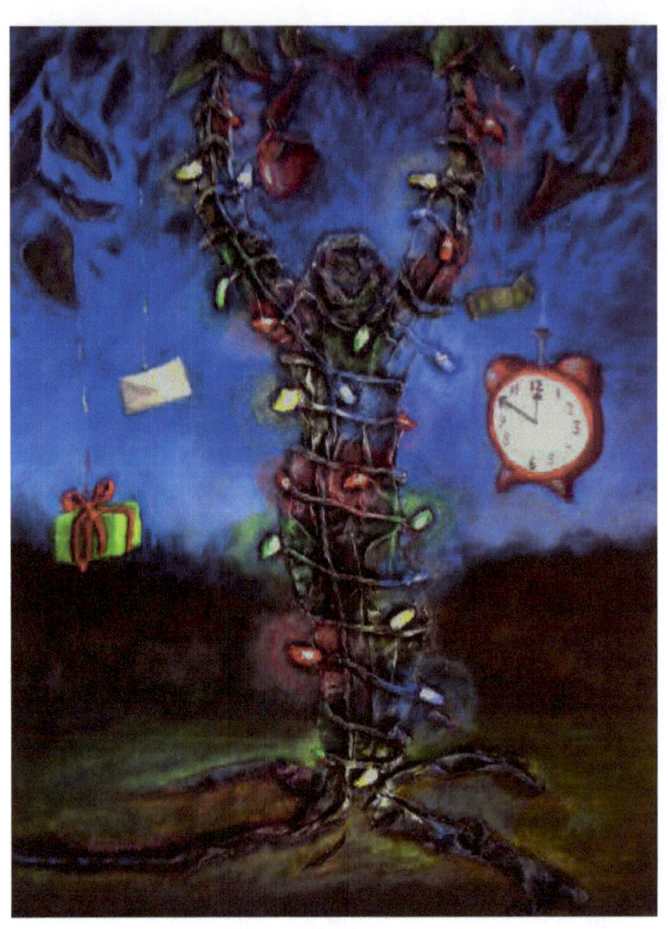

TIED UP FOR THE HOLIDAYS
🏆🏆

ATADA POR LOS DÍAS FESTIVOS

<u>THE PROPHET</u> BY KAHLIL GIBRAN (Pg. 42-43)

Between slavery and freedom: "The chains of our own binding as links of lights and shadows
that cling alternatively around our minds and our souls.
And how shall you rise beyond your days and nights unless you break the chains, which you at
the dawn of your understanding, have fastened around your noon hour?
In truth, that which you call freedom, is the strongest of these chains, though its links glitter in
the sun and dazzle your eyes"

🏆🏆

<u>EL PROFETA</u> POR KAHLIL GIBRAN (Pg. 42-43)

Entre la esclavitud y la libertad: "Las cadenas de nosotros mismos como eslabones de luz y
sombra que se aferran alternativamente alrededor de nuestras almas y de nuestras mentes.
¿Y cómo puedes escalar más allá de tus días y tus noches si no rompes las cadenas, que tu en el
amanecer de tu entendimiento, has abrochado alrededor de tu medio día?
En verdad, eso, que tú llamas libertad, es la más fuerte de esas cadenas, aunque sus eslabones
brillan en el sol y te deslumbran tus ojos".

ON OTHER CHAINS THAT BIND US

SOBRE OTRAS CADENAS QUE NOS ATAN

****

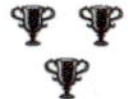

ON MEDIOCRITY AND SUPERIORITY

BETWEEN MEDIOCRITY AND EXCELLENCE
LOVE, KNOW HOW, MOTIVATION, COMMITMENT, ACTION, PASSION, SATISFACTION,
MATERIAL, SPIRITUAL AND OTHER INMATERIAL REWARDS.

BETWEEN SUPERIORITY AND INFERIORITY
THE END OF THE FIGHT FOR SUPREMACY,
A HUMANITY IN ONE ACCORD,
INTEGRITY, ORDER, LAWFULNESS, AND PEACE.

ON CRIME AND LAWLESSNESS

BETWEEN AN ILLEGAL THOUGHT AND A CRIME
DENIAL OF THE DEGREE OF POTENTIAL CONSEQUENCES,
LACK OF EMPATHY WITH A SENSE OF ENTITLEMENT,
BLATANT DISOBEDIENCE TO THE LAW.

BETWEEN A CRIME AND THE TRIAL
ANGUISH, ANXIETY, LOSS OF TIME, MONEY AND SHUNNING.

8888888888888888888888888888888888888888888888888888888888888888888888888888888888888888

8888888888888888888888888888888888888888888888888888888888888888888888888888888888888888

SOBRE LA MEDIOCRIDAD Y LA SUPERIORIDAD

ENTRE MEDIOCIDAD Y LA EXCELENCIA
AMOR, CONOCIMIENTO, MOTIVACIÓN, ENTREGA, ACCIÓN, PASIÓN, SATISFACCIÓN,
RECOMPENSAS MATERIALES, ESPIRITUALES. Y OTRAS INMATERIALES.

ENTRE LA SUPERIORIDAD Y LA INFERIORIDAD
EL FINAL DE LA LUCHA POR LA SUPREMACÍA,
LA HUMANIDAD EN UNANIMIDAD,
INTEGRIDAD, ORDEN, LEGALIDAD Y PAZ.

SOBRE EL CRIMEN Y LAS LEYES

ENTRE EL PENSAMIENTO ILEGAL Y EL CRIMEN
NEGACIÓN DEL GRADO DE LAS CONSECUENCIAS POTENCIALES,
AUSENCIA DE EMPATÍA, CON UN MAL SENTIDO DE DERECHO, Y DESOBEDIENCIA A LA LEY.

ENTRE EL CRIMEN Y EL JUICIO O LA AUDIENCIA
AGONÍA, ANSIEDAD, PÉRDIDA DE TIEMPO Y DINERO, REPUDIACIÓN.

THOUGHTS ON POLITICS
PENSAMIENTOS POLITICOS
****
✾ ✾
✾

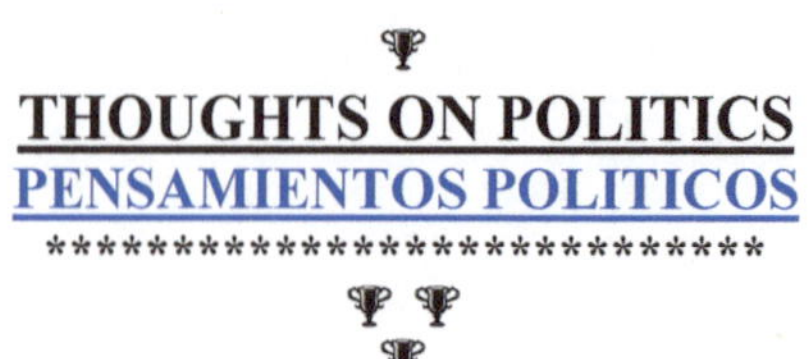

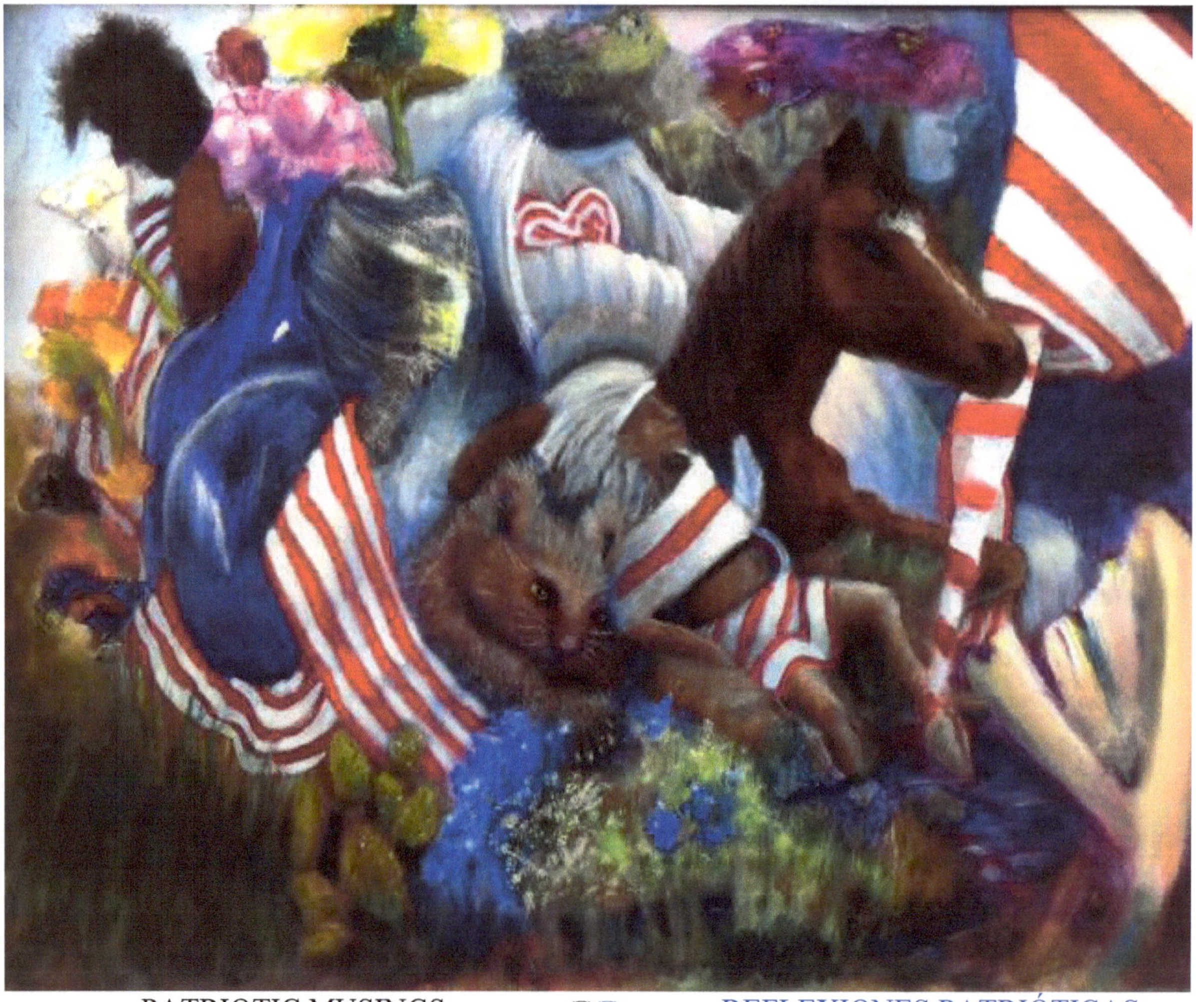

PATRIOTIC MUSINGS   ✾✾   REFLEXIONES PATRIÓTICAS

Ps. 67:4

"O LET THE NATIONS BE GLAD AND SING FOR JOY! FOR THOU SHALT JUDGE THE
PEOPLE RIGHTEOUSLY, AND GOVERN THE NATIONS UPON EARTH."

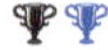

Ps. 67:4

"ALÉGRENSE Y GÓCENSE LAS NACIONES! PORQUE JUZGARÁ LOS PUEBLOS CON
EQUIDAD Y PASTOREARÁ LAS NACIONES EN LA TIERRA"

<u>ON MISGUIDED POLITICS</u>
<u>SOBRE LA POLÍTICA DESVIADA</u>
****

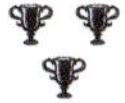

BETWEEN OPPOSING EXTREME POLITICAL PARTIES
HARKENED UNDERSTANDING,
GOVERNMENTAL PARALYSIS.

BETWEEN WAR, AND WAR, AND WAR, AND ALL ONGOING WARS
EMBEDDED HABITS OF FIGHTING; TERRITORIAL ADDICTIONS,
OBSESSIONS WITH POWER,
GREED,
INSTITUTIONALIZED CRUELTY AND VIOLENCE,
DEATH,
HARMED BODIES,
WOUNDED SPIRITS, TRAUMATIZED MINDS.

BETWEEN AND OLD NUKE AND A NEW NUKE
A HISTORIC INTENTIONAL EXTERMINATION OF INNUMERABLE LIVING BEINGS,
THE INEVITABILITY OF RE-OCCURRENCE WITH EXPONENTIAL DAMAGE,
A DECREASED CHANCE FOR THE BETTERMENT OF HUMANITY,
A CONSTANT DISDAIN OF HUMAN NEEDS,
A SHAMELESS AFFRONT TO OUR CREATOR.

88888888888888888888888888888888888888888888888888888888888888888888888888888888888888

88888888888888888888888888888888888888888888888888888888888888888888888888888888888888

ENTRE PARTIDOS EXTREMADAMENTE OPUESTOS
ENTENDIMIENTO ENTEBRECIDO,
LA PARALISIS GUBERNAMENTAL.

ENTRE GUERRA Y GUERRA Y GUERRA Y TODAS LAS GUERRAS CONTINUAS:
EL IMPLANTADO HABITO DE PELEAR, ADICCIONES TERRITORIALES,
OBSESIÓN AL PODER,
AVARÍCIA,
LA CRUELDAD Y LA VIOLENCIA INSTITUCIONALIZADAS,
MUERTE,
CUERPOS HERIDOS,
ESPIRITUS DAÑADOS, MENTES TRAUMADAS.

ENTRE UN ARMA NUCLEAR VIEJA Y UNA NUEVA
UNA HISTORICA E INTENCIONAL EXTERMINACIÓN DE INNUMERABLE SERES VIVIENTES,
UN AUMENTO DE LAS EXPECTATIVAS DEL CRECIMIENTO DE SUS NÚMEROS,
UNA MENOR PROBABILIDAD PARA EL MEJORAMIENTO DE LA HUMANIDAD,
EL CONSTANTE DESDÉN DE LAS NECESIDADES HUMANAS,
UNA AFRENTA DESVERGONZADA A NUESTRO CREADOR.

SOBRE NUESTRA EXISTENCIA
****

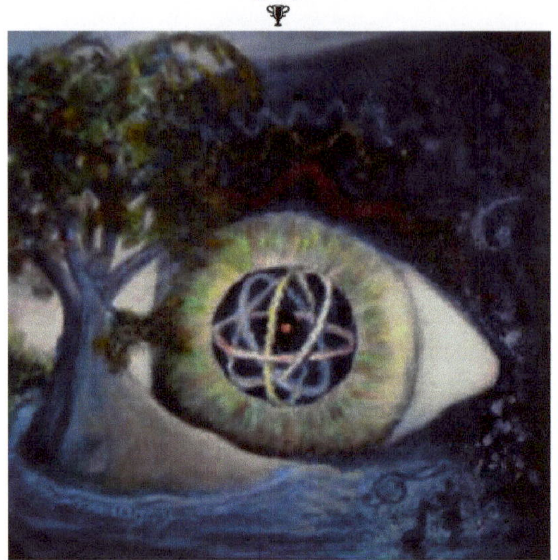

2 CORINTHIANS 2 CORINTIOS

2Co. 4:18

"WHILE WE LOOK NOT AT THE THINGS WHICH ARE SEEN, BUT AT THE THINGS WHICH ARE NOT SEEN: FOR THE THINGS WHICH ARE SEEN ARE TEMPORAL, BUT THE THINGS WHICH ARE NOT SEEN ARE ETERNAL"

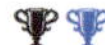

2Co. 4:18

"NO MIRANDO NOSOTROS LAS COSAS QUE SE VEN, SINO LAS QUE NO SE VEN: PUES LAS COSAS QUE SE VEN SON TEMPORALES, PERO LAS QUE NO SE VEN, SON ETERNAS".

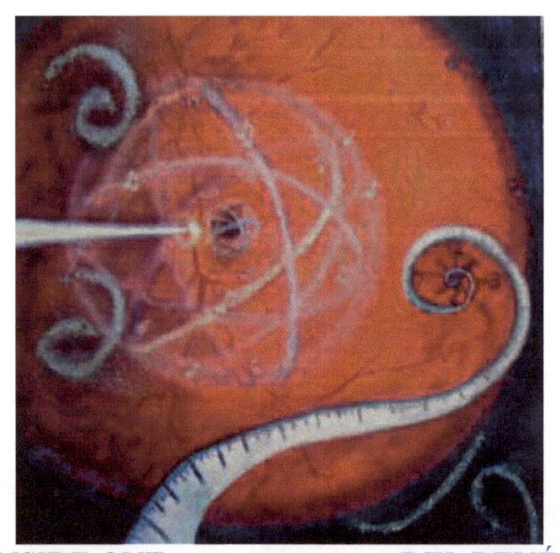

INSIDE OUT   DEL REVÉS

<u>ON EXISTENCE</u>
<u>SOBRE NUESTRA EXISTENCIA</u>
****

♈ ♈
♈

BETWEEN THE ATOM AND THE SKY
PRIMORDIAL ENERGY, OUR BREATHING SOURCE,
THE CORRELATION OF ENTANGLED PARTICLES, OUR HIGHEST GOALS.

♈

BETWEEN ELECTRONS, PROTONS, WAVES AND PARTICLES
DUALITY, OBSERVATION AND SUPERPOSITION.
THE CREATION OF OUR REALITY?

♈

BETWEEN SPACE AND TIME
A HOLOGRAPHIC UNIVERSE? THE ILLUSION OF OUR REALITY?
AN EXISTENTIAL VOID. HOPE'S INCUBATOR?

♈

BETWEEN POINT A AND POINT B
IN THE SPACE BETWEEN TWO PROTONS, A WORMHOLE, THE PARADOX OF ENTANGLEMENT,
THE POWER OF PRAYER, A NEW AND BETTER FUTURE FOR HUMANITY.

88888888888888888888888888888888888888888888888888888888888888888888888888888888888
♈♈
88888888888888888888888888888888888888888888888888888888888888888888888888888888888

ENTRE EL ÁTOMO Y EL CIELO
LA ENERGÍA PRIMORDIAL, NUESTRA FUENTE DE RESPIRACIÓN,
LA CORRELACIÓN DE PARTICULAS ENTRELAZADAS, NUESTRAS MÁS ALTAS METAS.

♈

ENTRE ELECTRÓNES, PROTÓNES, HONDAS Y PARTÍCULAS
DUALIDAD, OBSERVACIÓN Y SUPERPOSICIÓN.
¿LACREACIÓN DE NUESTRA REALIDAD?

♈

ENTRE EL ESPACIO Y EL TIEMPO
¿UN UNIVERSO HOLOGRÁFICO?, ¿LA ILUSIÓN DE NUESTRA REALIDAD?
UN EXISTENCIAL VACÍO. ¿LA INCUBADORA DE LA ESPERANZA?

♈

ENTRE EL PUNTO A Y EL PUNTO B
EN EL ESPACIO ENTRE DOS PROTONES, UN AGUJERO ESPACIAL,
LA PARADOJA DEL ENTRELAZAMIENTO,
EL PODER DE LA ORACIÓN, PARA UN NUEVO Y MEJOR FUTURO PARA LA HUMANIDAD.

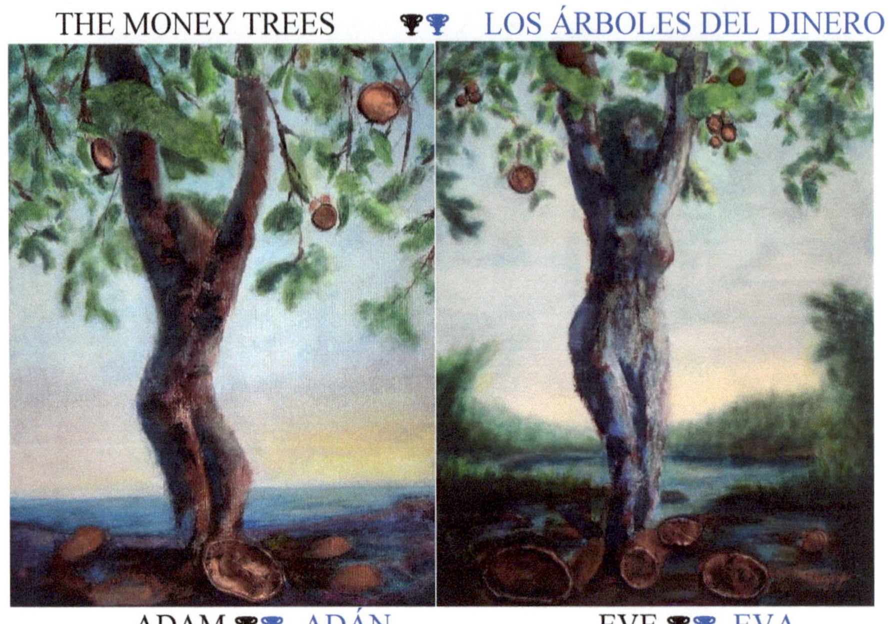

"IN GOD WE TRUST" SEEDLINGS SERIES"

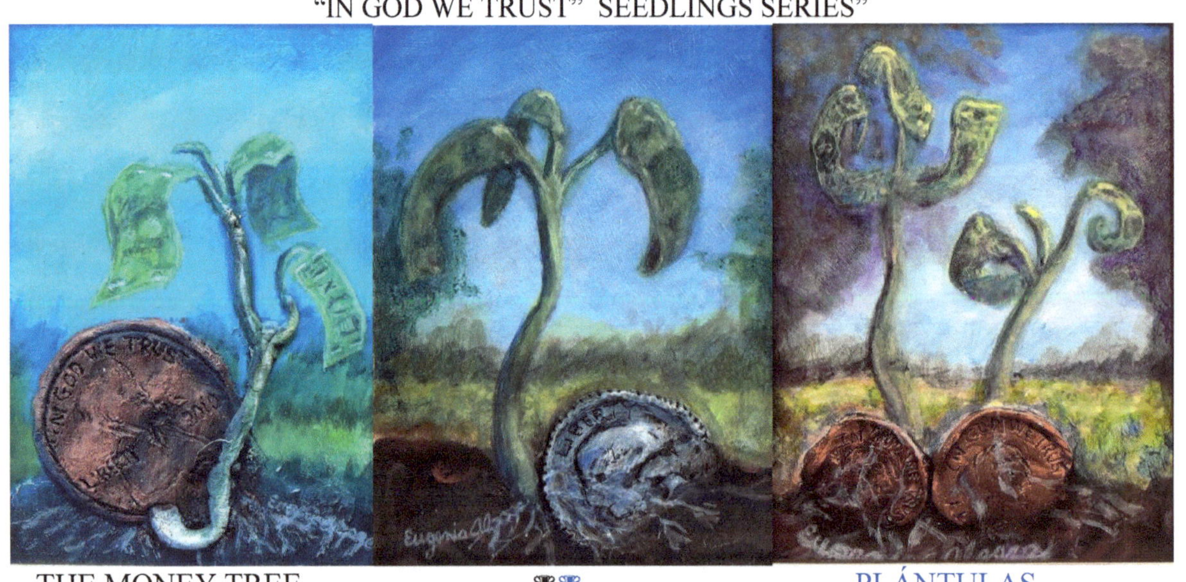

THE MONEY TREE   🏆🏆   PLÁNTULAS
SEEDLINGS   DEL ÁRBOL DEL DINERO

THE SACRED KORAN 11:6

"GOD -TO BE PRAISED- SAID: THERE IS NO CREATURE THAT MOVES IN THIS EARTH
WHOSE PROVISION DOES NOT COME FROM GOD."

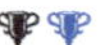

EL SAGRADO CORÁN 11:6

"DIOS -ALABADO SEA-DICE: NO HAY CREATURA QUE SE MUEVA EN LA TIERRA, CUYO
SUSTENTO NO PROVENGA DE DIOS".

<u>ON EXCHANGES</u>
<u>SOBRE LOS INTERCAMBIOS</u>
****

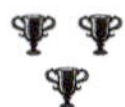

BETWEEN COMMERCIAL EXCHANGES
GREED OR ITS ABSENCE, LOVE OR ITS ABSENCE,
KINDNESS AND JUSTICE OR THEIR ABSENCE,
A POTENTIAL DOMINO EFFECT.

BETWEEN SUPPPLY AND DEMAND
NEEDS AND AVAILABILITY, PURCHASING POWER.
THE RESPONSIBILITY OF SUPPLIERS NOT TO ABUSE.
AN INDIVIDUAL RESPECT FOR HUMAN AND RELIGIOUS LAWS,
A NEW DEVELOPING SOCIAL CONSCIOUSNESS
WITH INTEGRITY AT ITS CENTER.

BETWEEN GIVING AND RECEIVING:
AN UNDERSTANDING OF THE NEEDS, A WISH AND ABILITY TO RELIEVE IT,
HUMBLENESS AND A BILATERAL GRATITUDE, BECAUSE...
YOU,
HAVE BEEN DESIGNED,
TO BE AN INSTRUMENT FOR CHANGE WETHER YOU ARE
THE GIVER OR THE RECEIVER.

8888888888888888888888888888888888888888888888888888888888888888888888888888888888888888888888

88888888888888888888888888888888888888888888888888888888888888888888888888888888888888888888888

ENTRE INTERCAMBIOS COMERCIALES
AVARICIA, O SU AUSENCIA, AMOR, O DESAMOR,
BONDAD Y JUSTÍCIA, O SUS AUSENCIAS,
Y LA POTENCIA DEL EFECTO DE LA ACCIÓN DEL DOMINÓ.

ENTRE LA OFERTA Y LA DEMANDA
NECESIDADES Y DISPONIBILIDAD, PODER DE ADQUISICIÓN,
LA RESPONSABILIDAD DEL PROVEEDOR DE NO ABUSAR,
RESPETO INDIVIDUAL POR LAS LEYES HUMANAS Y RELIGIOSAS,
EL DESARROLLO DE UNA NUEVA CONCIENCIA SOCIAL
CON INTEGRIDAD.

ENTRE DAR Y RECIBIR
ENTENDIMIENTO DE LA NECESIDAD CON UN DESEO Y HABILIDAD PARA REDUCIRLA,
HUMILDAD Y GRATITUD BILATERAL PORQUE
USTED,
HA SIDO DESIGNADO,
PARA SER UN INSTRUMENTO DE CAMBIO,
YA SEA EL DONANTE O EL RECEPTOR.

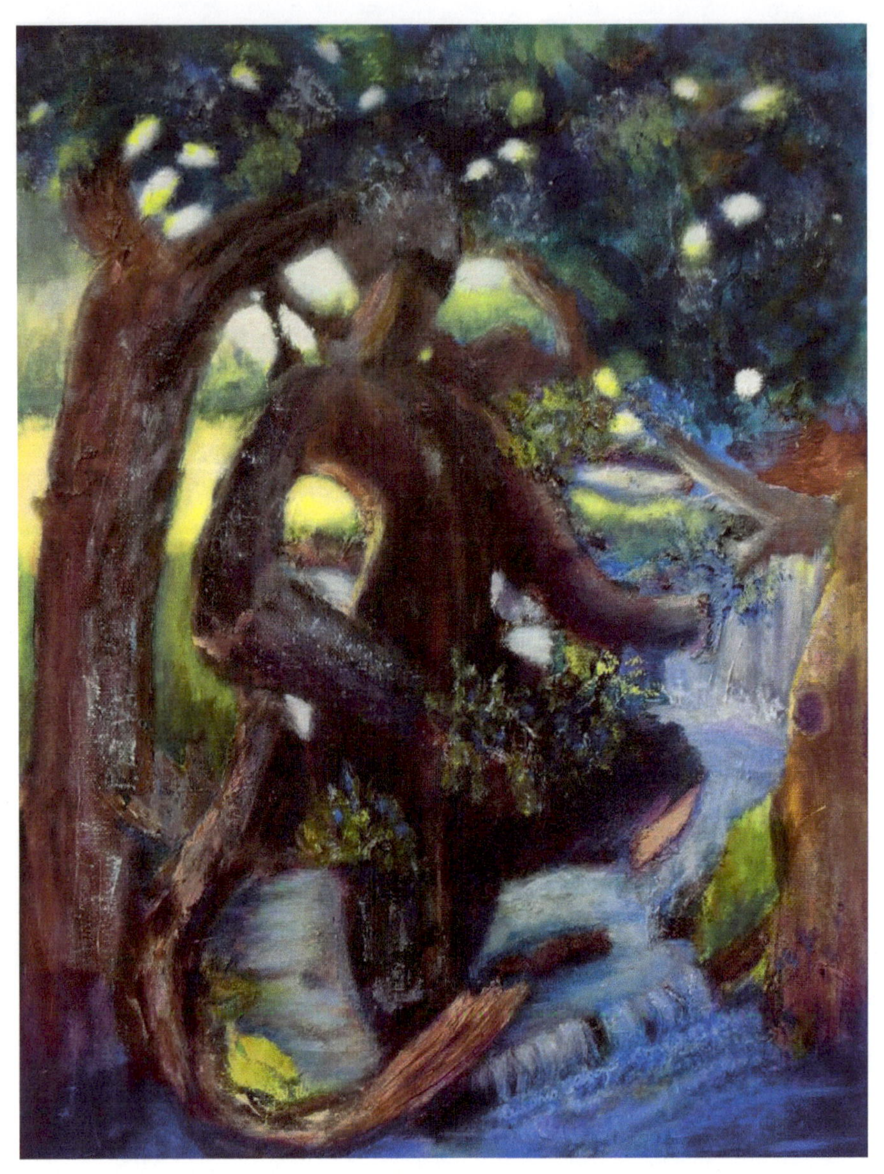

THE BALANCE GAME 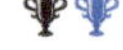 EL JUEGO DEL BALANCE

Job 31:6

"LET ME BE WEIGHTED IN AN EVEN BALANCE THAT GOD MAY KNOW MY INTEGRITY"

Job 31:6

"PÉSEME DIOS EN BALANZA DE JUSTICIA Y CONOCERÁ MI INTEGRIDAD"

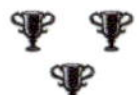

<u>ON SELF CONTROL</u>
<u>SOBRE EL AUTOCONTROL</u>
****

BETWEEN GOOD AND EVIL
A SEA OF CONFUSION, WITH A PROPOSAL FOR CLARITY.
MAKE CHOICES, SUPPORTED BY YOUR VALUES,
WITH A DESIRE TO HAVE:
FIRST, A BETTER SELF AND SECOND, A BETTER WORLD.

BETWEEN YOUR IMPULSES AND HARMFUL BEHAVIORS:
THE TACTICS THAT <u>WE ALL</u> USE TO AVOID TAKING RESPONSIBILITY, LIKE:
"Denial, blaming, rationalization, projection, lying, self -pity, redefining, feigning, minimizing, assuming, raging, confusion, my way, I am a good guy, its mine, failure to recognize fear," etc.
(Heine, Vivian L. LMSW- ACP LSOTP & Lewis, Diana G. LPC, LSOTP <u>Ventura Manual</u> Pgs.30-38)

THE BAD HABIT OF NOT WANTING TO ACCEPT RESPONSIBILITY,
FOR EACH ACTION YOU DECIDE TO TAKE, OR NOT TO TAKE,
AND FAILING TO ANTICIPATE ITS CONSEQUENCES.

THE DELIBERATE BLOCKAGE OF THE KNOWLEDGE, THAT THE DECISION,
EITHER WAY,
CAN HAVE A DIRECT EFFECT ON YOU,
BASED ON THE CONDITIONAL BIBLICAL PROMISE, FOR AN ETERNAL LIFE.
(Mt. 25:45-46)

8888888888888888888888888888888888888888888888888888888888888888888888888888888888888888

8888888888888888888888888888888888888888888888888888888888888888888888888888888888888888

ENTRE EL BIEN Y EL MAL:
UN MAR DE CONFUSION CON UNA PROPUESTA DE CLARIDAD.
TOMA LAS DECISIONES RESPALDADAS POR TUS VALORES
CON EL ANHELO DE TENER: PRIMERO, UN YO MEJOR Y SEGUNDO, UN MUNDO MEJOR.

ENTRE TUS IMPULSOS Y COMPORTAMIENTOS DAÑINOS:
LAS TÁCTICAS QUE TODOS USAMOS PARA EVITAR TOMAR RESPONSABILIDAD, COMO:
Negación, culpar, racionalizar, proyectar, mentir, redefinir, fingir, minimizar, asumir, furia, confusión, a mi manera, poder, soy muy bueno, falla en reconocer el temor, super optimismo, evitando crítica, etc.
(Heine,Vivian Lewis LMSW -ACP LSOTP & Luis, Diana Garza LPC LSOTP <u>Ventura Manual</u> Pg.30-38)

EL MAL HÁBITO DE NO QUERER ACEPTAR LA RESPONSABILIDAD DE CADA ACCIÓN QUE DECIDES
TOMAR O NO Y EL FALLO DE NO ANTICIPAR LAS CONSECUENCIAS.

EL BLOQUÉO DELIBERADO DEL CONOCIMIENTO DE QUE LAS DECISIONES, DE CUALQUIER
MANERA, TIENEN UN EFECTO DIRECTO SOBRE TÍ,
BASADO, EN LA PROMESA BÍBLICA CONDICIONAL,
PARA TENER VIDA ETERNA.
(Mt. 25:45-46)

(Mt. 25:45-46)

"INASMUCH AS YE DID IT NOT TO ONE OF THE LEAST OF THESE
(THE HUNGRY, THE THIRSTY, THE STRANGER, THE NAKED, SICK OR IN PRISON)
YE DID IT NOT TO ME. AND THESE SHALL GO AWAY INTO EVERLASTING PUNISHMENT
BUT THE RIGHTEOUS, INTO LIFE ETERNAL

"EN CUANTO NO LO HICISTÉIS A UNO DE ESTOS MÁS PEQUEÑOS
(LOS HAMBRIENTOS, SEDIENTOS, FORASTEROS, DESNUDOS, ENFERMOS, O EN LA CÁRCEL)
TAMPOCO A MI LO HICISTÉIS. E IRÁN ESTOS AL CASTIGO ETERNO
Y LOS JUSTOS A LA VIDA ETERNA"

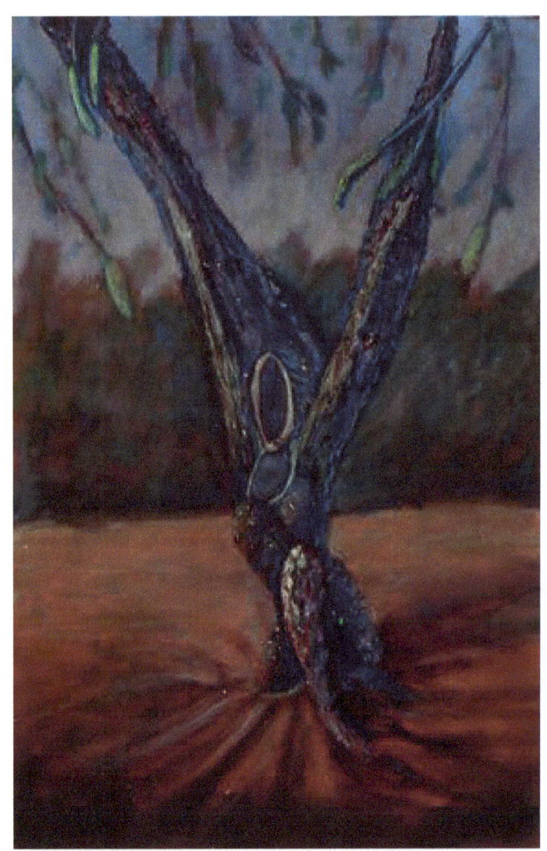

GAINING MOMENTUM 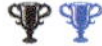 GANANDO IMPULSO

Ps. 119: 159

"CONSIDER HOW I LOVE YOUR PRECEPTS;
QUICKEN ME (REVIVE ME) O'LORD, ACCORDING TO YOUR LOVING KINDNESS."

Ps. 119: 159

"MIRA OH JEHOVÁ QUE AMO TUS MANDAMIENTOS.
VIVIFÍCAME CONFORME A TU MISERICORDIA

<u>ON GAINING MOMENTUM</u>
SOBRE GANANDO IMPULSO
****

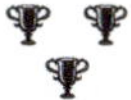

BETWEEN AN ARROW AND ITS TARGET
THE SELECTED DISTANCE IT HAS TO CROSS,
FOCUS, AIM, DIRECTION, AND ACTION.

BETWEEN INERTIA AND ACTION
THE WEIGHT OF THE OBJECT, THE FORCE AVAILABILITY,
A PURPOSE LOADED WITH POSIBILITIES,
MENTAL ENLIGHTNMENT,
WITH AN ACTION PLAN FOR YOU TO BE AN AGENT OF RELIEF.
THE NEED FOR ALL TO FOCUS ON THE DISPARITIES
THAT CAUSE PAIN AND SUFFERING.
THE RECOGNITION AND USE OF YOUR POWER TO APPLY YOUR EFFORTS AT MICRO OR
MACRO LEVELS TO IDENTIFY AND BALANCE THESE DISPARITIES.
THE VALID ANTICIPATION OF THE POSSIBLE REALITY
OF A JUST, LOVING, CARING, EMPATHIC HUMANITY.

BETWEEN AN ALTRUISTIC IDEA AND ITS ACCOMPLISHMENT
GOALS AND OBJECTIVES:
LOVE, TRUST IN YOUR ABILITY, HEALTH, ENERGY,
PERSEVERANCE,
AND TRUST IN THE ALMIGHTY WHO IS TO GUIDE YOUR OUTCOME.

88888888888888888888888888888888888888888888888888888888888888888888888888888888
88888888888888888888888888888888888888888888888888888888888888888888888888888888

ENTRE LA ZAETA Y EL TIRO AL BLANCO
LA DISTANCIA SELECCIONADA QUE TIENE QUE CRUZAR.
ENFOQUE, PUNTERÍA, DIRECCIÓN, Y ACCIÓN.

ENTRE LA INERCIA Y LA ACCIÓN
EL PESO DEL OBJETO; LA DISPONIBILIDAD DE LA FUERZA,
UN PROPÓSITO CARGADO DE POSIBILIDADES,
ILUMINACIÓN MENTAL CON UN PLAN DE ACCIÓN,
PARA QUE TU SEAS UN AGENTE DE ALIVIO,
LA NECESIDAD DE TODOS ENFOCARNOS EN LAS DISPARIDADES QUE CAUSAN DOLOR Y SUFRIMIENTO,
EL RECONOCIMIENTO Y USO DE TU PODER PARA ACTIVAR TUS EFUERZOS EN MICRO Y MACRO NIVELES
E IDENTIFICAR Y BALANCEAR ESTAS DISPARIDADES. LA VÁLIDA ANTICIPACIÓN DE
LA POSIBLE REALIDAD DE UNA HUMANIDAD JUSTA, MÁS AMOROSA, CUIDADOSA Y EMPÁTICA

ENTRE UNA IDEA ALTRUÍSTA Y SU LOGRO
OBJETIVOS Y METAS
FE, AMOR, CONFIANZA EN TU HABILIDAD, SALUD, ENERGÍA,
Y PERSEVERANCIA.
Y CONFIANZA EN EL TODO PODEROSO QUE VA A GUIAR EL RESULTADO.

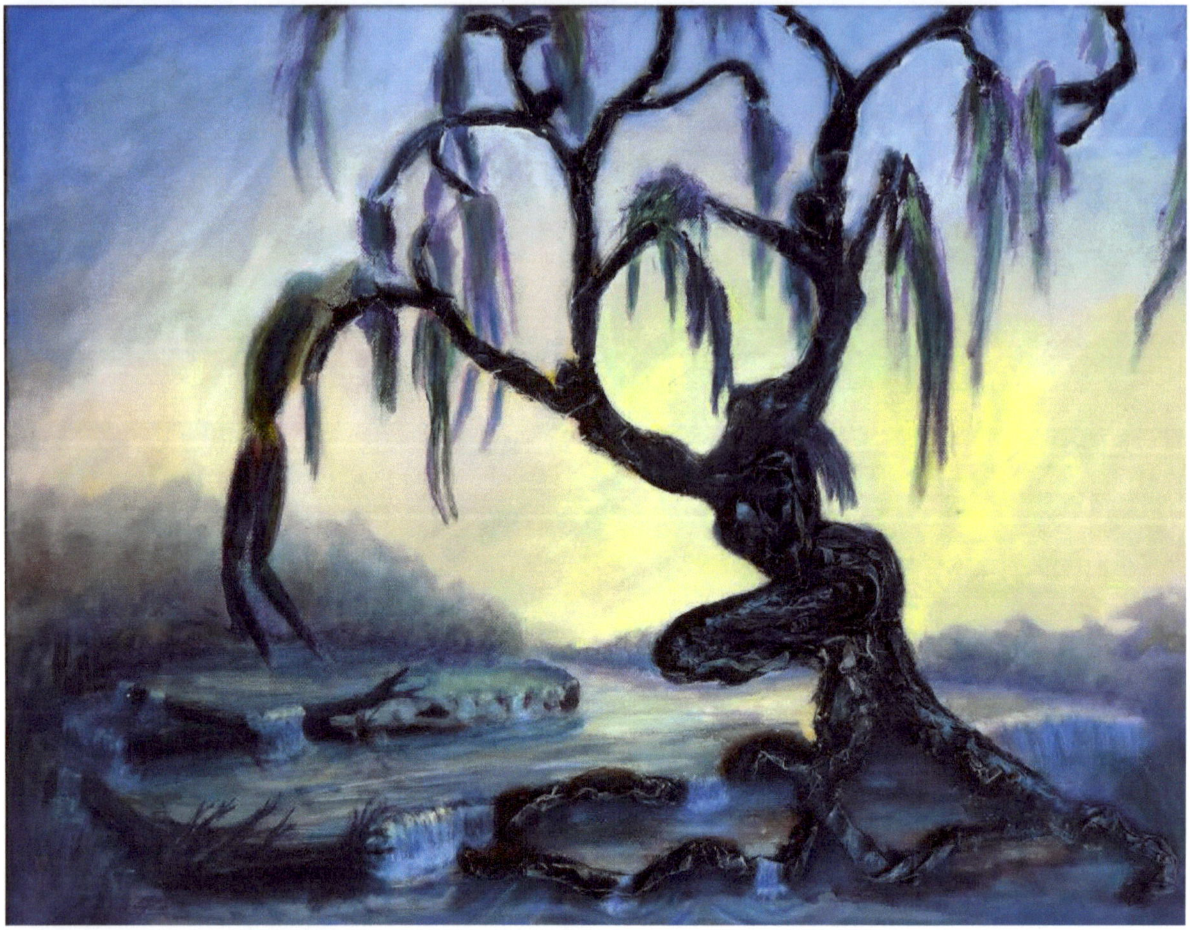

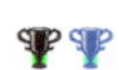

ENLIGHTENMENT   ILUMINACIÓN DIVINA

Ps.18:28

"FOR YOU WILL LIGHT MY CANDLE;
THE LORD MY GOD WILL ENLIGHTEN MY DARKNESS."

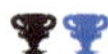

Ps.18:28

"TU ENCENDERÁS MI LÁMPARA;
JEHOVÁ MI DIOS ALUMBRARÁ MIS TINIEBLAS"

ON GRATEFULNESS AND HUMAN LIMITS
SOBRE EL AGRADECIMIENTO Y LOS LÍMITES HUMANOS

****

BETWEEN BIRTH AND DEATH
OUR LIVING SPACE.
A BREATH OF LIFE, THAT PROPELLS AND GUIDES US IN OUR DAILY WALK,
WHERE THE BASIC FACTORS THAT CONTRIBUTE TO THE JOY OF LIVING
COULD BE AVAILABLE AND ACCESSIBLE <u>FOR ALL</u> HUMAN BEINGS.

BETWEEN PLANTING AND HARVESTING
WORK, REWARDS AND GRATITUDE:
TO THE EARTH, THE WEATHER, AND TO THE MASTERS THAT TAUGHT YOU TO CULTIVATE IT.
BUT MORESO, TO THE ONE THAT CREATED YOU, THE EARTH, THE WEATHER AND THE MASTERS,
HE, WHO PROVIDES FOR YOU,
THE OPPORTUNITY FOR YOUR NURTURING, SHELTERING AND EXISTING.

BETWEEN DEATH AND ETERNITY
JOY OR REGRETS, AN UNCERTAIN SPACE FOR INQUIRY.
AND.... THEN WHEN IT'S ALL OVER, **BETWEEN THE FINAL SIGHT AND DEATH,**
A DETACHMENT OF THE MIND AND....THE HOPE OF IMMORTALITY.

8888888888888888888888888888888888888888888888888888888888888888888888888888

8888888888888888888888888888888888888888888888888888888888888888888888888888

ENTRE EL NACER Y LA MUERTE
NUESTRO ESPACIO DE VIDA,
SU SOPLO, QUE NOS IMPULSA Y NOS GUÍA EN NUESTRO PASEO DIARIO.
DONDE ESTÁ LA POSIBILIDAD DE QUE LOS FACTORES BASICOS QUE CONTRIBUYEN A
LA ALEGRÍA DE VIVIR,
PUEDAN ESTAR DISPONIBLES Y ACCESIBLES <u>PARA TODOS</u> LOS SERES HUMANOS.

ENTRE LA SIEMBRA Y LA SIEGA
TRABAJO, RECOMPENSA Y GRATITUD:
A LA TIERRA, AL ESTADO DEL TIEMPO, Y A LOS MAESTROS QUE TE ENSEÑARON A CULTIVAR,
PERO TANTO MÁS, A AQUÉL QUE TE CREÓ A TI, A LA TIERRA,
EL ESTADO DEL TIEMPO Y A LOS MAESTROS,
EL QUE TAMBIÉN TE PROVEE LA OPORTUNIDAD PARA NUTRIRTE, ALBERGARTE Y EXISTIR.

ENTRE LA MUERTE Y LA ETERNIDAD
ALEGRÍA O REMORDIMIENTO. UN ESPACIO INCIERTO PARA PREGUNTAS
Y…. YA CUANDO TODO ACABA, **ENTRE EL ÚLTIMO SUSPIRO Y LA MUERTE,**
EL DESPEGO DE LA MENTE, Y…. LA ESPERANZA DE LA INMORTALIDAD.

“¿To be, or not to be? That is the question”   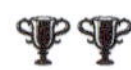   “¿Ser. O no ser? Esa es la pregunta.”
Opening line of <u>Hamlet</u>'s Soliloquy.   Línea de apertura del Soliloquio de <u>Hamlet</u>

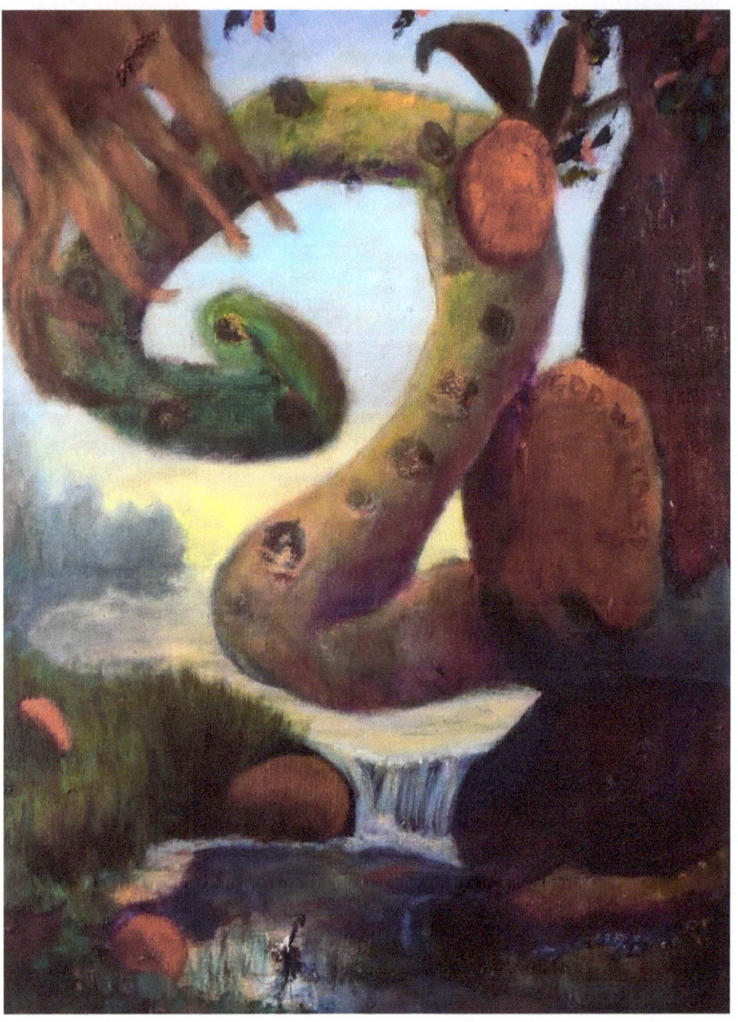

ENIGMA

¿To do, or not to do? That is the question.      **¿Hacer, o no hacer? Esa es la pregunta.**
Closing line of <u>Inner Space Awakening</u>...   Linea de clausura del <u>Despertar</u> del Espacio Interior..

Ezq.17:10

“YEA, BEHOLD, BEING PLANTED, SHALL IT PROSPER?
SHALL IT NOT UTTERLY WITHER, WHEN THE EAST WIND TOUCHETH IT?”

Ezq.17:10

“ ¿Y HE AQUÍ, ESTÁNDO YA PLANTADA, ¿SERÁ PROSPERADA?
¿NO SE SECARÁ DEL TODO, CUANDO EL VIENTO SOLANO LA TOQUE?”

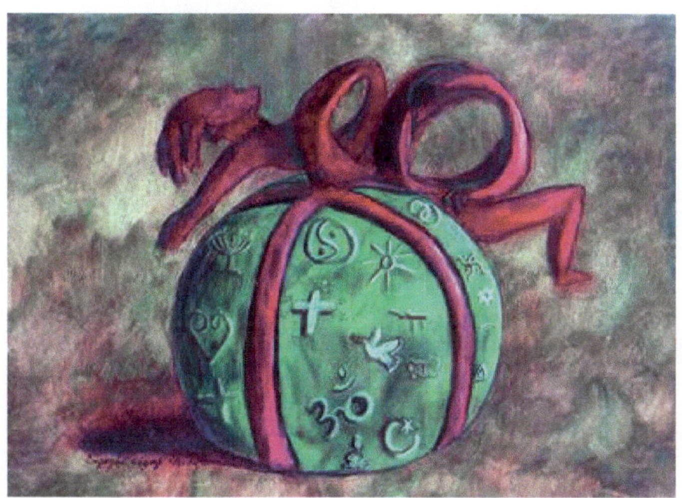

SPIRITUAL LABOR BEARING PEACE	♛♛	PARTO ESPIRITUAL PARA EL NACIMIENTO DE LA PAZ
(LABOR, OF LOVE)		(LABOR DE AMOR)

NOTE BY THE ARTIST

"Spiritual Labor Bearing Peace. The idea of a spiritual birth for the birth of peace was inspired by the Holidays and by the similarities between a difficult labor and the difficulties world leaders are having to obtain and maintain peace. This is a past and still present reality. The large variety of countries with different races, languages, cultures, historical backgrounds, political systems and religions have prevented this to happen.   Love and peace, although hidden, are present, only to be found, delivered, shared, and activated, in a joined, "Labor of Love" that starts at the individual level."

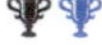

NOTA POR LA ARTISTA

"Parto Espiritual Para el Nacimiento de la Paz. La idea para esta obra fue inspirada durante los días de fiesta y también, por la similitud entre un parto natal de riesgo y las dificultades que han tenido los líderes de los países para obtener y mantener la paz. Esta aún es una pasada y presente realidad, dada por: distintas razas, lenguajes, culturas, bases históricas, sistemas políticos y religiosos, que ha impedido que esta se encuentre. El amor y la paz, aunque escondidos, están presentes solo para ser encontrados, entregados, compartidos, y activados, durante una conjunta "Labor de Amor" que comienza a nivel individual."

MAY PEACE BE A CONCEIVED, NURTURED, APPLIED AND SUSTAINED REALITY. HOW CAN <u>YOU</u> MAKE THIS HAPPEN?

♛♛

QUE LA PAZ SEA UNA REALIDAD CONCEBIDA, NUTRIDA, APLICADA Y SOSTENIDA ¿COMO PUEDES <u>TÚ</u> HACER QUE ESTO SUCEDA?

ABOUT THE AUTHOR

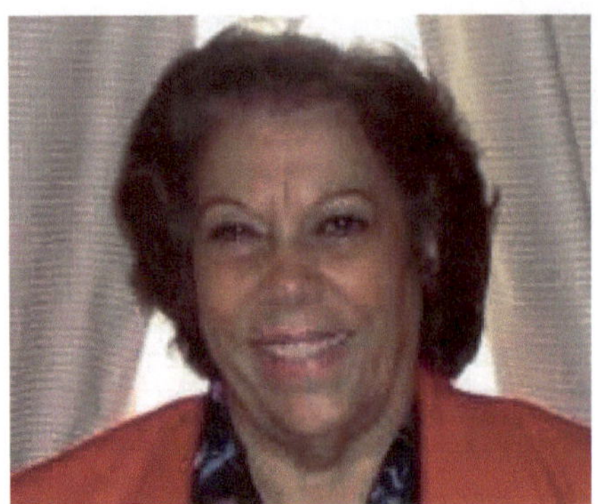

TERESA PIQUÉ ALGAZE – ESPINOZA
M.S.W. L.C.S.W.

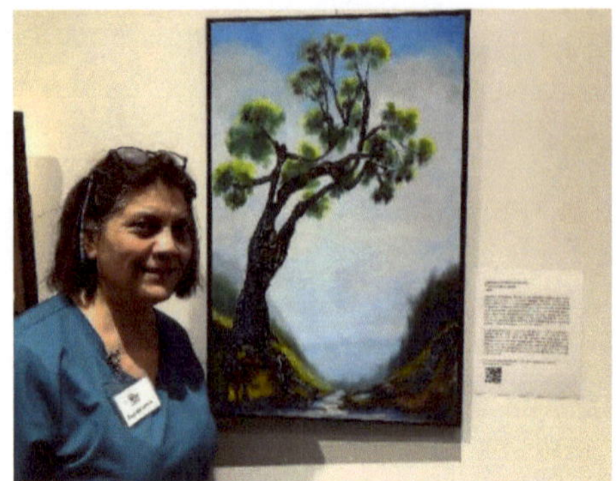

EUGENIA ALGAZE GARCIA
B.B.A. M.B.A. N.S.A.

Teresa Piqué Algaze -Espinoza is a behavior / trauma psychotherapy specialist who uses Art Therapy techniques and Spiritual Counseling with other therapies, for deeper healing in her practice. Now partially retired, she has time and energy to cultivate and apply her bilingual writing abilities, her personal, and professional experiences with her academic knowledge.   Doña Tere, a term of endearment used by her clients is a Cuban-American who came to the USA as a Cuban refugee in her teenage years. She studied at the University of Connecticut receiving her undergraduate degree with a Major in Psychology and a minor in Latin American Studies, in the middle 70's, getting her Masters in Social Work from the University of Houston, in Houston, TX., in the early 80'. For ten years she worked as a psychotherapist in mental health settings: both in-patient and out-patient and for three years as a Clinical Director and Deputy Director of The Chicano Family Center, of a multiservice nonprofit agency in SE Houston.   In 1993, she founded Arena Counseling Center Inc., where she was President, CEO and Psychotherapist. With an Emotional Trauma specialty and two required licenses, Arena Counseling Center Inc served both, victims and perpetrators of abuse through State of Texas and Harris and Ft. Bend County contracts, serving over 9,000 clients (85% Hispanics,) from 1993 to 2021 through Arena Counseling Center Inc.   Teresa P. Espinoza is a member of the National Association of Social Workers. **Her thoughts and poems have a deep spiritual component that transcends Judeo-Christian boundaries.**

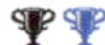

Teresa Piqué Algaze-Espinoza, es una Psicoterapeuta especializada en comportamiento y trauma que utiliza técnicas de Terapia de Arte y de Consejería Espiritual con otras terapias para una cura más profunda dentro de su práctica.   Ella, ya semi retirada, dispone de su tiempo y energía para cultivar y aplicar sus habilidades de escritora bilingüe más sus experiencias personales y profesionales, con sus conocimientos académicos.   Doña Tere, como de cariño le llaman sus clientes es un cubana-americana que vino a los Estados Unidos como refugiada, en su adolescencia. Ella estudió en la Universidad de Connecticut graduándose con una especialización en Psicología, a mediado de los 70's, obteniendo una Maestría en Trabajo Social de la Universidad de Houston, en Houston, Texas, en los años 80's. Por diez años, trabajó como Psicoterapeuta en clínicas y hospitales de salud mental y por tres años, como directora clínica y directora diputada en la agencia sin fines de lucro, El Chicano Family Center, en SE Houston. En el 1993, ella fundó El Arena Counseling Center Inc., donde fue: Presidente, Directora Ejecutiva y Psicoterapeuta, especializada en trauma emocional. Con las dos licencias requeridas, desde el   Arena Counseling Center Inc., sirvió tanto a las víctimas de abuso como a los perpetradores a través de contratos de gobierno del Estado de Texas y de dos condados: Harris y Fort Bend, sirviendo a más de 9,000 clientes (85% Hispanos) desde 1993 al 2021.   Teresa es miembro de la Sociedad Nacional de Trabajadores Sociales. **Sus pensamientos y sus poemas tienen un componente espiritual, profundo, que trasciende las fronteras Judeo-Cristianas.**

<u>ABOUT THE ARTIST</u>

🏆🏆

Eugenia Algaze Garcia is an award-winning artist, and a life time member of the NSA (National Society of Artists). She uses her imagination as a medium and creates art in ink, acrylic, watercolor, graphite, soft pastels, and mixed media, reflecting energy she perceives from her subjects. Eugenia creates meaningful artworks with hidden imagery to represent multiple facets of her subject's interests. Her style was developed from over 40 years of observations of the hidden beauty in the world around us; learning skills from many other artists, while applying them with constant practice, love and passion, toward her creations of Mindful Art works.

In her early years, she was influenced by art teachers in Hartford CT. where she was born and raised, during exercises of shape recognition of letters and hidden symbols in shapes and colors. She was also impressed by Dr. Seuss creative spins on reality. Her family's love for art, in addition to an art gene manifesting itself in each generation, facilitated her early art exposure at the Wadsworth Atheneum Museum, where she discovered the great masters, their characteristics and painting styles: da Vinci's knowledge and curiosity of how things work; Salvador Dali's surrealism and use of symbols that foster thinking. It was this latter one that most influenced her painting style, while they all stimulated her boundless creativity.

Thinking that her passion for the arts would require a financial backing, she pursued a career path in accounting earning a B.B.A. from Texas A&M University in College Station. She worked in public accounting and then in the private sector for a time, during which she received her CPA license from the State of Texas. She earned an M.B.A, from University of Houston at Clear Lake, exercising her career until she stayed home to raise her two children. In 2003, her dream, of art, as a career, became a reality.

Through over four decades of experimentation, studying and persistent exercises to continuously improve her art expression, Eugenia has been able to enhance her early art exposure with fine art skills she has gained through: art courses, workshops, books, and many hours of practice to develop her style for her growing business: Mindful Art. Multiple Streamline Art Videos, and livestreamed video workshops (like Eric Rhoads daily "Art School Live" broadcasts) have been an ongoing training source during the COVID and post COVID years, further enhancing her skills.

Eugenia Algaze Garcia's <u>Mindful Art</u> style involves a mix of impressionistic realism, symbolism, abstraction and surrealism as she interprets images and ideas from her mind using "left and right brain" art techniques to communicate visually. Garcia's art has also been influenced by a near death experience in childhood, being a wife, mother, grandmother and by the Psychology, learned from her mother, a Psychotherapist in TX.

As an art teacher, her classes are inspiring and instructive, stimulating the student's creativity. Numerous exhibitions plus her generous community involvement, have exposed her as a recognized and notable artist. Support from other artists, new patrons, friends, and family have provided emotional fuel for her artistic development.

She began teaching homeschoolers in 2008 basic art skills and how to think like an artist. This was followed by requests to teach more art classes. Some of her youth and adult art students have won awards for their art in competitions.

Garcia's art has received recognition locally, nationally, and internationally. She currently teaches and exhibits her art at Fort Bend Art Center in Rosenberg, TX, and other art venues. She is a lifetime member of the National Society of Artists, with Signature Status since 2010 and also a member of the Art League of Fort Bend, Lone Star Art Guild, Fort Bend Art Center, and Dreamline Artists.

Eugenia Algaze Garcia es una artista galardonada, reconocida como miembro de por vida por la NSA (Sociedad Nacional de Artistas). Eugenia usa su imaginación como un medio para crear arte en tinta, acrílico, acuarela, grafito, pastel suave y medios mixtos, reflejando energía que ella puede percibir de sus sujetos, en un estilo desarrollado por sobre 40 años que envuelve: observaciones de la belleza, a veces oculta, del mundo que nos rodea, así como de la influencia y maestría provista por otros artistas, aplicada con amor y pasión a sus obras.

Durante su niñez, fue influenciada por sus maestros de arte en Hartford CT, donde ella nació, durante el aprendizaje de letras y símbolos escondidos entre formas y colores. También tuvo la influencia de Dr. Seuss y sus creativos giros sobre la realidad.   El amor de su familia hacia el arte, además del gene artístico que se manifiesta en cada generación, facilitó que se expusiera al arte a una edad temprana, en el museo de arte Wadsworth Atheneum en Hartford, CT., donde conoció a los grandes maestros y sus distintas características y estilos: Leonardo da Vinci, y su conocimiento y curiosidad sobre cómo funcionan las cosas; El Surrealismo de Salvador Dalí, lleno de símbolos que estimulan el pensamiento, fue éste último el que más influenció su estilo, aunque fueron todos los que estimularon su creatividad, sin límites.

Pensando que su pasión por las artes iba a requerir apoyo financiero prosiguió con sus estudios en contabilidad obteniendo su B.B.A en la Universidad de Texas A&M en College Station, TX. Trabajó en el sector privado por un tiempo durante el cual recibió su licencia de CPA del Estado de Texas. Obtuvo un MBA de la Universidad de Houston en Clear Lake, ejerciendo hasta que se quedó en casa para criar a sus dos hijos. En el año 2003, su sueño de tener el arte como carrera se hizo realidad.

A través de más de cuatro décadas de experimentación, estudios y ejercicios persistentes para continuamente mejorar su expresión artística, Eugenia ha podido incrementar su exposición temprana al arte con nuevas técnicas ganadas durante: Cursos, talleres y libros de arte y muchas horas de practica para desarrollar su estilo para su creciente negocio de Mindful Art. Múltiples videos de arte y talleres de video transmitidos en vivo, como Eric Rhoads "Art School Live", han sido una fuente de formación continua para mejorar sus habilidades durante y después de los años de COVID.

El estilo de "Mindful Art" de Eugenia Algaze Garcia expresa una mezcla de realismo impresionista, simbolismo abstracto y surrealismo, al interpretar imágenes e ideas desde su mente usando la técnica de: "Cerebro Izquierda y Derecha" para comunicarse visualmente. Su arte también fue influenciado por la experiencia de confrontar la muerte en su niñez, por ser esposa, madre y abuela, y por la Psicología que aprendió de su madre, que ejerce como Psicoterapeuta en Texas.

Sus clases de arte son inspiradoras e instructivas, estimulando la creatividad de sus estudiantes. Sus numerosas exhibiciones más su generosa participación en la comunidad le han dado a Eugenia Algaze Garcia reconocimiento como artista reconocida y notable. El soporte de otros artistas, patrones nuevos, amistades y familia han provisto la energía emocional para su desarrollo artístico.

En el año 2008 comenzó a trabajar como maestra de arte enseñando a los niños de escuela en casa, las técnicas de arte básicas y cómo pensar como un artista. Siguieron muchas peticiones para que continuara dando clases de arte a niños y también a adultos. Algunos de sus estudiantes ya han ganado premios en competencias de arte.

El Arte de Eugenia Algaze Garcia ha sido reconocido local, nacional e internacionalmente. En la actualidad, ella enseña y exhibe su arte en el Fort Bend Art Center en Rosenberg TX. y también a través de otros medios, es miembro de por vida del National Society of Artists, con estado de firma desde 2010, también es miembro de Art League de Fort Bend, de Lone Star Art Guile, de Fort Bend Art Center, y de Dreamline Artists.

Pg. #

51

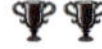

Eugenia Algaze Garcia
www.mindful-art.com

www.facebook.com/Mindful.Art.Eugenia.Algaze.Garcia

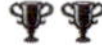

Pique-aze Productions
© 2024

<u>**CONCLUSION**</u>

🏆🏆

The art work selected to be the back cover of this book shows images of living beings who appear to be at peace with themselves and their surroundings reflecting a sense of wellbeing that results from expanding the mind, while generating new perspectives. Could it be a reflection of our readers?

It is by cultivating awareness, studying, meditation and prayer that a spiritual awakening can take place, where individuals can have a profound shift in their understanding of themselves, each other, and their environments.

There must be a motivation for change, and a decrease of experiential avoidance. What could be preventing you from developing altruistic goals that could make you a better person, your family a better family, your neighborhood a safer place and this earth a better world? It is also important to discover and clear unclear values and believes, to base thoughts and actions on a solid ground, where commitments could be anchored. Acceptance and compliance with your beliefs, and/or religious laws, may provide a steady path to follow, without losing sight of that Universal Divine Essence which could serve as a common denominator as well as a unifying power source.

Art and poetry have been used as a tool to awaken awareness. If we have also entertained you while motivating you to make a direct impact on the betterment of humanity, then we have fulfilled our purpose.

CONCLUSIÓN

🏆🏆

La obra de arte seleccionada para ser la contraportada de este libro muestra imágenes de seres vivos, quienes aparentan estar en paz con ellos mismos y con su entorno, reflejando una sensación de bienestar que resulta de la expansión de la mente mientras se generan nuevas perspectivas. ¿Podría este ser un reflejo de los lectores?

Es cultivando la conciencia, estudio, meditación y oración, que un despertar espiritual puede tener lugar, donde el individuo puede hacer un cambio profundo en su comprensión de sí mismo, de los demás, y del mundo que lo rodea.

Tiene que haber una motivación para el cambio y una reducción de evitación experiencial. ¿Qué podría haber de impedimento, para tú poder tener metas altruistas que puedan hacer de ti, una mejor persona, a tu familia una mejor familia, a tu comunidad, una más segura y a la tierra un mundo mejor? Es importante descubrir y aclarar valores turbios y creencias, para basar nuestros pensamientos y acciones en tierra firme, donde los compromisos y decisiones puedan fusionarse. Aceptación y cumplimiento con tus creencias y / o tus leyes religiosas, pueden proveer un camino estable para seguir, sin perder de vista esa Esencia Divina Universal que nos puede servir como un común denominador y también como una fuente del poder de unificación.

El arte y la poesía han sido utilizados aquí como una herramienta para despertar la conciencia. Si también te hemos entretenido y estimulado para que tú puedas hacer un impacto directo para el bien de la humanidad, entonces hemos cumplido nuestro propósito.

RECOGNITIONS

I would like to express my gratitude:

- To my daughter Eugenia for her collaboration and assistance providing the art for the supportive structure of this book, and the technical assistance for the culmination of this project, despite her busy time painting, teaching, and fulfilling her community and family responsibilities.

- To my grandsons: Nicolas and Alexander Garcia who provided proofreading time for the English portions of this book, as well as intellectual feedback from the perspective of the Millennials and Generation Z.

- To my husband Marco Antonio Espinoza, for his support and understanding during the many family hours used to complete this work.

- To the many colleagues, subcontractors, and private and governmental agency workers that I worked with and clients that I served, through 23 years in my Psychotherapy practice, The Arena Counseling Center Inc. in Houston, TX. It was there where I was able to expand my academic knowledge about the human condition in its many facets and where the awakening of my own inner space began to manifest itself through the multiplicity of shared real-life situations that required discernment, at the deepest levels, on a daily basis.

- To the Highest Power that inspired me after a few months of silence, prayer and meditation, providing the middle ground of concepts and possibilities, which created the substance for the poem The In-Between, backbone for this book.

- To Dr. Kenneth Ring, University of Connecticut Professor Emeritus of Psychology, who introduced me through a course in Social Psychology/Interpersonal Psychology in 1974, where Altered States of Consciousness achieved through meditation, served to access the Universal Quantum Consciousness then not yet labeled. Without his contribution, this book would not have been possible.

RECONOCIMIENTOS

Quisiera expresar mi gratitud:

- A mi hija Eugenia por su colaboración y asistencia al proveer su arte para la estructura de soporte de este libro y su asistencia técnica en la culminación del proyecto, a pesar de, tener su tiempo muy ocupado, pintando, enseñando arte o cumpliendo con sus responsabilidades comunitarias y familiares.

- A mis nietos, Nicolas y Alexander Garcia, quienes proporcionaron tiempo de corrección de las porciones en ingles, así como, retroalimentación intelectual desde la perspectiva de los "Millennials", y Generación Z

- A mi esposo, Marco Antonio Espinoza, por su soporte y comprensión durante las muchas horas de familia usadas para completar esta obra.

- A los muchos colegas, subcontratistas, trabajadores de agencias privadas y gubernamentales, con los que trabajé y a los clientes que serví, durante mis 23 años en mi práctica privada de Psicoterapia, el Arena Counseling Center Inc. En SW Houston, Texas. Fue allí donde pude expandir mi conocimiento académico sobre la condición humana en sus muchas facetas y donde, también, se comenzó a manifestar el despertar de mi propio espacio interior, a través de la multiplicidad de importantes situaciones de la vida real que requerían discernimiento diario.

- Al Poder Supremo que me inspiró, después de unos meses de silencio, oración y meditación, proporcionando el término medio de conceptos y posibilidades, la substancia para el poema El Entre Medio, (Entremedias), que le ha dado la estructura a este libro.

- Al Dr. Kenneth Ring, profesor emérito en Psicología de la Universidad de Connecticut, quien me introdujo a través de un curso de Psicología Social/Psicología Interpersonal en 1974, a la práctica de obtener Estados de Conciencia Alternativos usando la meditación, para tener acceso a la Consciencia Cuántica Universal, entonces aun no etiquetada. Sin su contribución, este libro no hubiera sido posible.

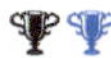

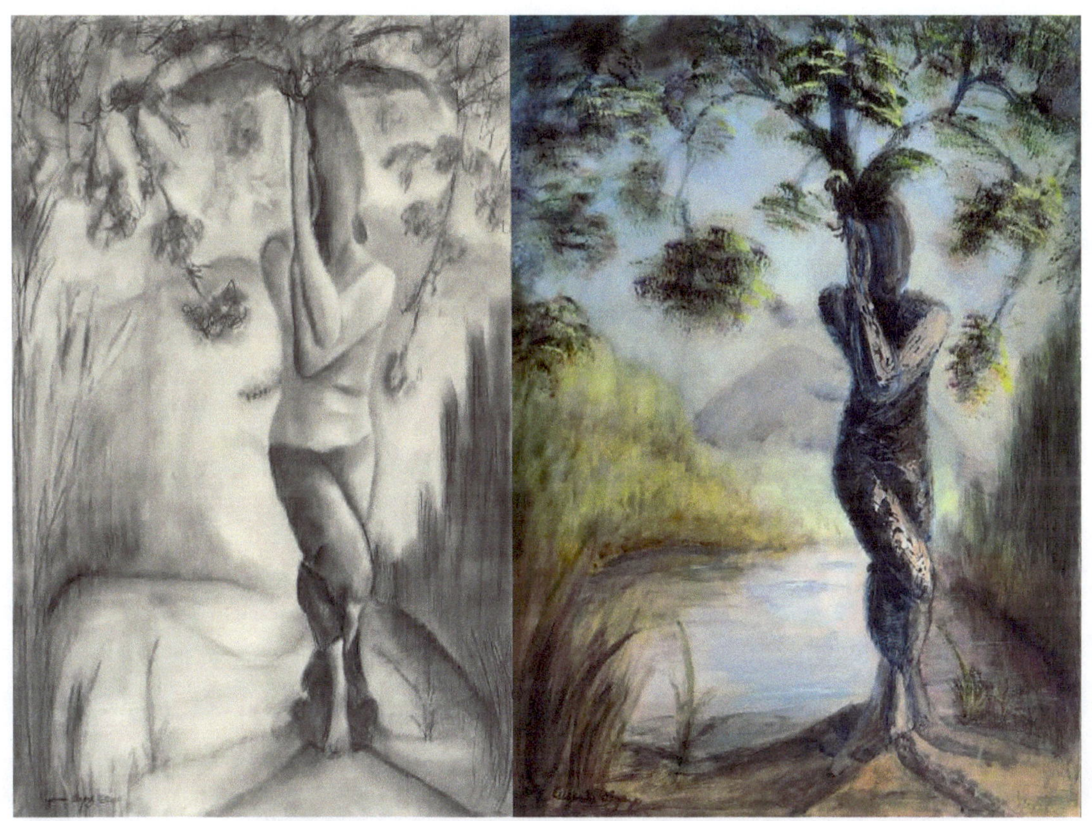

ESTUDIO-YOGA TREE EAGLE POSE-PENCIL
YOGA TREE EAGLE POSE-ACRÍLICO

Both of these are inspired by the yoga pose, Eagle. The pencil one, was a study for
the one in acrylic.   In addition to the not-so-"hidden" person that functions as a
tree trunk, doing the yoga pose, there is at least one eagle hidden in each as well as
a person praying where the praying hands join to form the base of each tree.

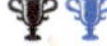

ARBOL DE YOGA POSE DE ÁGUILA -LÁPIZ / GRAFITO
ARBOL DE YOGA POSE DE ÁGUILA -ACRYLIC

Estas dos obras fueron inspiradas por la posición de Yoga llamada el
Águila. La que está en lápiz/grafito fue un estudio sobre la que está en acrílico.
Además de la persona que funciona como el tronco del árbol, haciendo la pose
Yoga, hay por lo menos un águila escondida en cada una, así como, una persona
rezando, mientras que las manos que oran se juntan al formar la base de cada árbol.

BOOK DESCRIPTIONS

Have you ever wondered about the ways of thinking, that still in the 21st Century, keep individuals and their partners, employers and employees, religious systems, and some nations, fighting, without an apparent solution?

In this book, a mental health trauma specialist presents capsules of wisdom to stimulate thinking, clarify perceptions, and possibly influence the reader to think, search for and apply, new creative solutions for his/her life situations and environment.

Brief thought expressions are nestled, categorically, in a framework of alternating colorful, thought-provoking original paintings, by her world recognized artist daughter, as well as a few selected spiritual quotations, from Judeo-Christian & Islamic traditions. This author also reflects her exposure to Hindu and Buddhist thinking as well as mindfulness-based meditation.

**Reading this book, you are to enjoy a unique,
entertaining, absorbing, stimulating practical experience!**

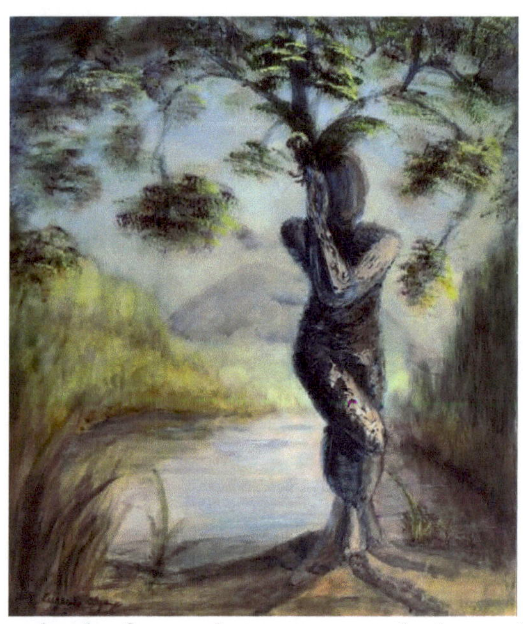

¿Alguna vez te has preguntado sobre las formas de pensar que todavía, en el siglo XXI   mantienen a los individuos y sus parejas, empleadores y empleados, sistemas religiosos y algunas naciones luchando, sin una aparente solución?

En este libro, una profesional de salud mental, especializada en trauma, emocional, presenta cápsulas de sabiduría para estimular el pensamiento, clarificar percepciones y posiblemente estimular al lector a pensar, buscar y aplicar nuevas soluciones creativas en su vida y en su entorno.

Breves expresiones de pensamientos están categóricamente, anidados alternativamente, entre pinturas originales, coloridas, provocadoras y también entre citas espirituales seleccionadas de diversas tradiciones religiosas: Judeo-Cristiana e Islámica. Esta autora y su hija artista, también reflejan su exposición a pensamientos hindúes y budistas, así como a la meditación de mente-consciente.

**¡Leyendo este libro, usted va a disfrutar de una experiencia: única, entretenida, absorbente,
estimulante y práctica!**